E.-S. MARSEILLE.

ÉRASME ET LUTHER

LEUR DISCUSSION

SUR

LE LIBRE ARBITRE ET LA GRACE

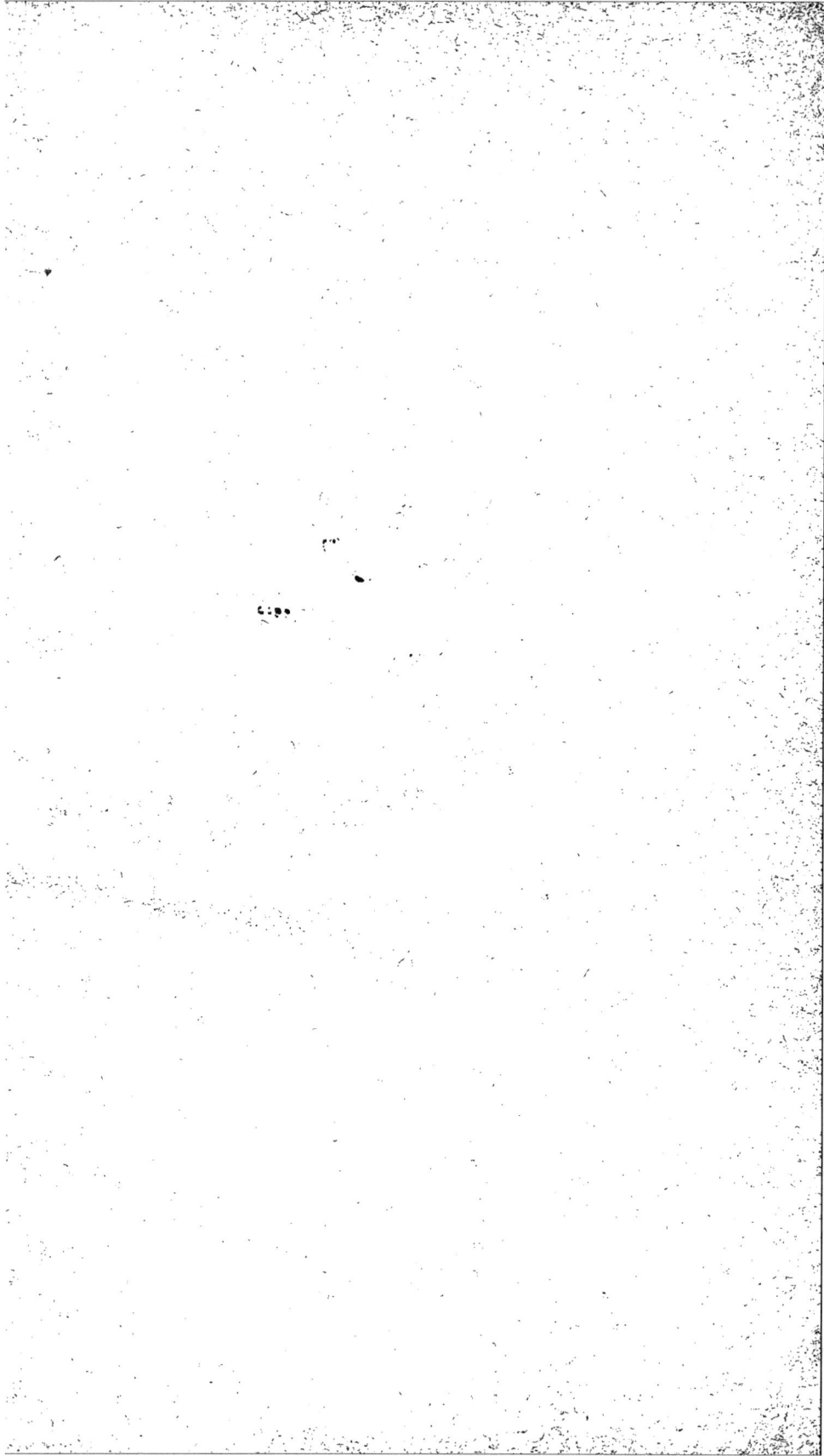

Capo

ÉRASME ET LUTHER

LEUR DISCUSSION SUR LE LIBRE ARBITRE ET LA GRACE

ÉRASME ET LUTHER

LEUR DISCUSSION

SUR

LE LIBRE ARBITRE ET LA GRACE

~~~~~~~~~~

THÈSE

PRÉSENTÉE

A LA FACULTÉ DE THÉOLOGIE PROTESTANTE DE MONTAUBAN

EN JUILLET 1897

PAR

E.-S. MARSEILLE

POUR OBTENIR LE GRADE DE BACHELIER EN THÉOLOGIE

MONTAUBAN

IMPRIMERIE ADMINISTRATIVE ET COMMERCIALE J. GRANIÉ

3, Avenue Gambetta, 3

—

1897

RÉPUBLIQUE FRANÇAISE

UNIVERSITÉ DE TOULOUSE

Faculté de Théologie Protestante de Montauban

Professeurs.

MM. C. Bruston, I. ◉, *Doyen*... Exégèse et Critique de l'A. T.

A. Wabnitz, I. ◉......... Exégèse et Critique du N. T.

E. Doumergue, I. ◉...... Histoire ecclésiastique.

F. Leenhardt, I. ◉...... Philosophie et Sciences.

F. Montet, A. ◉......... Grec du N. T. et Patristique.

H. Bois.................. Théologie systématique.

L. Maury .... Théologie pratique.

A. Westphal............. Cours complémentaire de théologie biblique.

J. Pédézert, ✸, I. ◉, professeur honoraire.

J. Monod, ✸, I. ◉, doyen honoraire.

Examinateurs.

MM. E. DOUMERGUE, I. ◉, *Président de la soutenance.*

F. LEENHARDT, I. ◉.

H. BOIS.

L. MAURY.

*La Faculté ne prétend ni approuver ni désapprouver les opinions
particulières du Candidat.*

INTRODUCTION

A toutes les époques où le christianisme s'affirme
avec le plus de puissance et semble puiser de nouvelles forces dans la conscience religieuse des peuples, l'Église accentue tout particulièrement la dépendance absolue de l'homme vis-à-vis de Dieu et insiste
sur les côtés les plus obscurs et les plus profonds de
la théologie paulinienne. Dès les premiers siècles,
Pélage trouve, dans saint Augustin un adversaire
digne de lui : il exaltait l'homme et lui enseignait à
se passer de Dieu; Augustin glorifia Dieu et humilia
l'homme à ses pieds. Il opposa la souveraineté du
Créateur à l'absolue dépendance de la créature, la
sainteté divine à la corruption et à la misère humaines. Plus près de nous, Schleiermacher met en
relief notre impuissance à opérer notre salut et
l'abandon complet qu'il nous faut faire à Dieu de
notre personne et de nos forces qui n'en sont pas.
Sans entrer dans les spéculations sans fin où se plai-
sait l'illustre dogmaticien, et traitant la question à
un point de vue plus pratique, les prédicateurs du
réveil ne cessèrent d'enseigner la même doctrine.

« La piété sincère substitua toujours à un système
qui proclamait la puissance de l'homme et son indépendance relative à l'égard de Dieu, l'absolue souveraineté de la grâce[1]. »

Aussi la Réforme a-t-elle dirigé toutes ses attaques
contre le pélagianisme qu'elle considérait avec raison
comme la source principale des abus les plus criants
du moyen-âge, et comme l'ennemi naturel de toute
vie religieuse. Jamais elle ne voulut porter atteinte à
la liberté civile et morale qui est la base inébranlable
de l'ordre politique et social. Elle ne voulut que
détruire tous les faux principes qui peuvent pro-
voquer en l'homme l'orgueil spirituel, l'égoïsme religieux et une funeste confiance en ses propres forces.
Cette liberté religieuse fut niée avec énergie parce
que toute concession aurait eu comme conséquence
la négation du besoin de salut et de la soif de déli-
vrance qui consument l'humanité privée de son
Dieu. C'était donc là, pour le protestantisme nais-
sant, une question de vie ou de mort : ou l'homme,
resté libre et capable de discerner et de choisir le
bien, peut, guidé par l'Église, faire des œuvres
agréables à Dieu et contribuer pour une large part à
son salut, ou, radicalement impuissant, il ne peut rien
attendre de lui, mais il espère tout de la grâce céleste
et du pardon que Dieu lui a accordé en Christ. —
N'est-il pas intéressant dès lors, de chercher comment
les réformateurs résolurent le problème, d'étudier à la
lumière de l'Évangile les discussions acharnées qu'ils
soutinrent, de retrouver dans l'inépuisable trésor

1. Dorner, *Histoire de la théologie protestante.*

de richesses qu'ils nous ont laissé et des arguments sérieux et des forces nouvelles. Quand nous les aurons vu lutter, n'apprendrons-nous pas plus vite à lutter nous-mêmes ? — D'ailleurs, dans le sujet qui nous occupe, un intérêt nouveau s'ajoute à ceux que nous avons pu signaler déjà ; Luther ne s'arrête pas à une simple querelle philosophique, à un simple échange de réfutations et de ripostes ; le problème est plus élevé : la doctrine de la grâce, telle que le réformateur allemand l'a exposée et défendue, implique une conception nouvelle de l'homme intérieur et de son activité agissante et pensante ; c'est presque une révolution psychologique que Luther à son insu opérait dans la vieille philosophie qui tantôt fut sensualiste, tantôt idéaliste, qui, d'autres fois, essaya de combiner, de juxtaposer plutôt les deux tendances, mais qui, toujours, eut le tort d'admettre comme son principe fondamental la possibilité pour l'homme de connaître par lui-même et de pratiquer, toujours par lui-même, l'utile, le bien et le vrai.

Nous pouvons donc établir dès à présent les divisions de notre travail. Une première partie renfermera l'exposé des relations de Luther et d'Érasme avant la discussion proprement dite ; cet exposé se justifie, malgré que nous nous proposions d'examiner surtout les arguments religieux et philosophiques : Érasme fut certainement l'adversaire le plus éclairé et le moins fanatique de Luther ; il mérite qu'on l'étudie avec soin, d'autant que son histoire et celle de son livre sur le libre arbitre nous donneront un très curieux exemple de l'effet désastreux produit sur un esprit clair, vif, libéral, bien disposé envers des réformes urgentes, par une circonspection exagérée, une timidité excessive, l'horreur du bruit et des violences. Dans une deuxième partie, plus étendue, nous aborderons le problème du libre arbitre et de la grâce, nous verrons les éléments nouveaux apportés dans la question par les adversaires, les solutions qu'ils ont jugées les meilleures. Nous essaierons enfin d'apprécier leurs doctrines, et cette critique nous mènera à voir comment, pour Luther, la discussion s'agrandit et comment il en vient à nous présenter, non plus seulement une étude sur un point spécial, mais tout un système sur l'homme et sur le monde.

I

ÉRASME ET LUTHER

Enfant du hasard, recueilli par charité et élevé à Utrecht, Érasme, de Rotterdam, ne dut sa gloire ni à sa naissance, ni à ses richesses, mais à son seul mérite littéraire. Dès le commencement du XVIe siècle, de l'extrémité même de la Hollande, des grèves où expirait la vie de l'ancien monde, la vie du nouveau se ralluma ; une voix légère, perçante et moqueuse, glissant dans l'air comme le vol d'un follet ou d'un lutin révéla à l'Europe toute entière le nom d'Érasme. Par un contraste curieux, ce fut dans un pays aux brumes épaisses, aux intelligences souvent lentes et alourdies par une incurable paresse intellectuelle que naquit cet humaniste à l'esprit vif et délié ; mais la Hollande était le pays de l'indépendance et de la liberté ; Érasme s'en souvint et ne voulut jamais se donner un maître, se ranger sous un parti ; ce fut à la fois son salut et sa perte : tant qu'il put s'en tenir à des attaques modérées, à des épigrammes, à des traits d'esprit, Érasme, se trouvant dans son élément, eut des amis nombreux et des admirateurs passionnés. Dès que la discussion se précisa, qu'il fallut choisir et soutenir franchement telle ou telle cause, l'auteur des *Adages* se déroba toujours et des deux côtés se heurta à d'impitoyables adversaires. — C'est là une idée importante qu'il convenait de mettre en relief dès le début de notre travail, et qui nous guidera pendant toute cette étude : elle nous montrera comment Érasme applaudit aux premiers efforts de la Réforme, puis, craignant de se laisser entraîner trop loin, se sépara d'elle et, tout en condamnant les abus et les erreurs de Rome, se trouva un jour engagé avec Luther dans une longue et grave discussion.

Mais pénétrons un peu plus avant dans la vie et dans l'intimité de l'illustre humaniste. Érasme est avant tout un savant et un bel esprit : toute nouveauté intéressante l'attire, toute réforme justifiée a son approbation, mais il veut aussi étudier dans le repos et dans le silence, il lui faut du temps pour lire et relire ses classiques, pour s'imprégner d'eux ; déjà modéré par tempérament, il apprend à leur école à se tenir dans le juste milieu, à détester toute violence et toute exagération, à voir dans chaque question qui lui est soumise le pour et le contre, à ne se décider que lentement, à ne jamais donner son avis d'une façon catégorique, à ne pas se compromettre, à tout conclure par un scepticisme conciliant. Horace et Lucien, dans l'antiquité, plus près de nous Voltaire et Renan, sont proches parents d'Érasme : à la fois aventureux et timide, étourdi et sensé, aimable et fier, égoïste et libéral, hésitant et résolu, celui-ci a juste assez de prudence pour sauvegarder sa liberté, assez d'audace pour attirer, séduire, troubler même sans jamais irriter ni blesser personne : plus ardent il compromettrait son indépendance par ses emportements, plus docile il l'aliénerait au service d'un parti. Il acceptera volontiers les éloges et les libéralités des seigneurs et des princes qui l'admirent; il ne leur marchandera pas les compliments, mais il ne sera jamais « l'homme » de l'un d'entre eux; et pourtant il n'en manquerait pas qui désireraient attacher à leur cause cette plume si alerte et si bien trempée. — Il marchera à l'avant-garde et remplira merveilleusement son rôle d'éclaireur, mais tout prêt à battre en retraite et à se dégager de la lutte s'il voit l'ennemi d'un peu trop près et si une bataille sérieuse se livre.

Malheureusement pour lui, Érasme naquit à une époque où les passions étaient trop vives et les partis trop nettement tranchés; son amour de l'indépendance, fait en somme de plus d'égoïsme que de courage, l'aurait bien mieux servi au XVIII° siècle où l'apaisement s'était fait déjà en partie et où, dans bien des cas, l'on se tirait d'une discussion embarrassante par un bon mot; à notre époque sourtout, il aurait joui d'une faveur excessive, et les disciples zélés de Renan auraient reporté sur lui un peu de leur admiration; Érasme était fait pour une de ces périodes de décadence où l'esprit affaibli ne peut supporter qu'une nourriture légère et se plaît en des hésitations et des réticences plutôt qu'aux vigoureuses et solides discussions d'autrefois. Au XVI° siècle Érasme fut déplacé. Il fallait à ce moment démolir puis reconstruire; c'est tout au plus s'il pouvait

ébranler faiblement le formidable édifice que Luther
allait renverser. — D'une main subtile et alerte, et
sous forme de divertissement, l'humaniste touche à
tout, il attaque tout, il ne détruit rien. « Il varie et
brise sa course en tous sens ; saute d'une extrémité à
l'autre, du sacré au profane, des temps anciens aux
temps modernes, de l'Olympe sur la terre, de Mer-
cure à Saint-Christophe ; on serait tenté de se demander s'il sait bien où il va. Qu'on se rassure ! il le
sait mieux que personne »[1] ; c'est tout simplement une
tactique, une manœuvre déguisée pour détourner le
soupçon, faire succéder les éclats de rire aux emportements de la colère, empêcher toute poursuite...
« D'une main il tire la barbe des stoïciens, de l'autre
le capuchon des moines ; il feuillette les livres *Sybil-
lins* du même doigt que les *Décrétales ;* il joue avec
les foudres de Jupiter comme avec celles du Vatican,
et il éclate de rire en voyant le pape, casque en tête,
pointer ses balistes et ses bombardes au nom du
Saint-Esprit. » — Sans doute nul n'a su manier
ainsi depuis Horace cet art de la plaisanterie demi-
sérieuse et demi-badine, dissimulant sous le rire
l'amertume des critiques et la gravité des leçons ; il
n'en est pas moins vrai qu'Érasme garde toujours
dans ses attaques une parfaite mesure et qu'il s'arrête
toujours au moment précis où il pourrait blesser son
interlocuteur, où le sourire indulgent se transforme-
rait en fureur. « Jamais de menace ni de colère ; rien
de semblable à ce bruit étourdissant du tocsin que
va bientôt sonner Luther ; c'est le doux murmure des

1. Lenient, *La Satire en France pendant la Renaissance.*

grelots, le frôlement rapide de la marotte effleurant la tiare des pontifes et le diadème des rois. »

Mais, sans le savoir, sans le vouloir surtout, Érasme avait déclaré la guerre. Lui-même ne se doutait guère des alliés que le temps devait lui amener; il en fut vite effrayé et cria au feu après l'avoir allumé, mais le mouvement était donné, il n'appartenait à personne qu'à Dieu de l'arrêter. La discussion bientôt s'étendit, devint non plus une série d'escarmouches inoffensives, mais une guerre acharnée; elle prit un caractère qu'Érasme n'avait jamais prévu, et c'est ainsi qu'il se trouva, malgré lui, engagé au premier rang dans une lutte d'où tout l'éloignait : sa nature, ses préférences, ses goûts de littérateur et de philosophe pondéré, qu'il fut pris dans un engrenage dont il ne put jamais sortir, dont il fut une des principales victimes, et qu'il avait, par une ironie amère, mis le premier en mouvement.

Nous pourrons maintenant comprendre de quelle nature furent les relations d'Érasme et de Luther. La grande figure du réformateur allemand est trop connue pour que nous nous soyons risqué, après tant d'autres, plus autorisés, à esquisser son portrait. Mais on voit déjà quel abîme séparait ces deux hommes : Érasme est surtout humaniste, Luther n'est que chrétien. Au fond ce qu'Érasme admire, c'est moins la beauté et la vérité de la doctrine du moine révolutionnaire que l'écho puissant réveillé par sa voix; il voit déjà les âmes secouées de leur torpeur, la pensée humaine définitivement affranchie des liens de la scolastique, les libres recherches permises, les études classiques remises en honneur;

ce que cherche Luther, c'est la transformation du cœur humain convaincu de péché, d'incapacité à trouver le salut par lui-même, conduit à le chercher au pied de la croix du Christ et dans son seul pardon. La foi d'Érasme est superficielle, ce qu'il a développé, c'est son intelligence et son esprit; la foi de Luther fait sa vie, il l'a conquise au prix des plus dures souffrances, il est prêt pour la défendre à tout donner; Érasme trouverait que c'est beaucoup trop de donner seulement un peu de son temps.

Au début pourtant, la Réforme eut ses sympathies. Il attendit prudemment quelques mois, puis, voyant que la « querelle de moines » annoncée prenait des proportions inattendues, que tous les esprits étaient agités, frémissants, il se laisse gagner par le courage de cet humble moine qui ne craint pas de tenir tête à un aussi formidable orage. Dans une lettre au cardinal Wolsey (mai 1518), il rend hommage tout d'abord à la pureté de ses mœurs : « J'ai bonne opinion de lui, dit-il; sa vie est approuvée de tout le monde et ce n'est pas un petit préjugé en sa faveur que sa conduite irréprochable; ses ennemis eux-mêmes n'y peuvent trouver de matière à calomnies. » Écrivant au recteur de l'Université d'Erfurt il ne fait aucune difficulté d'admettre l'utilité et la beauté du but poursuivi par Luther : « Il nous a donné d'excellents avertissements...; l'abandonner complètement sans défense lorsqu'il a raison, serait une impiété. Personne n'osait plus dire la vérité... Jusqu'à présent il a été utile au monde » (Ép. 325). — « Je ne pense pas que Luther ait rien avancé trop légèrement, écrivait-il encore à l'électeur de Saxe, Frédéric; au lieu de le

traiter d'hérétique et de l'injurier, il aurait d'abord
fallu essayer de le réfuter » (Ép. 426). Érasme, dans
une autre lettre à l'archevêque de Mayence (Ép. 477),
vante, en termes circonspects, il est vrai, le caractère
du réformateur.

Un si beau zèle ne devait pas durer longtemps. Les
scènes tumultueuses des premiers jours de la Réforme arrêtèrent son élan. Très perspicace, il pré-
voyait sans peine la tragédie prochaine : il aiderait
volontiers à la disparition de quelques abus; voici,
en peu de mots, ce qu'il voudrait : la substitution du
Nouveau Testament aux pratiques dévotes et aux
superstitions ridicules de l'époque; il faut remonter
aux textes, et chaque chrétien doit entrer en commu-
nication directe avec le Rédempteur : « Je voudrais
que la plus humble femme lût les Évangiles et les
Épitres de saint Paul[1]. La doctrine de Christ est-elle
si obscure qu'elle ne puisse être comprise que d'un
petit nombre de théologiens. » Plus de jeûnes, de
vœux, de célibats[2]; il n'y a aucune différence entre
les évêques et les simples prêtres[3]; pas de confession[4];
pas d'adoration de Marie[5]. Dans un autre ordre
d'idées il voudrait la disparition du monachisme et
une liberté d'enseignement absolue. Ce sont là des
revendications très légitimes, et, sur tous ces points,
Érasme est d'accord avec Luther; ce qu'il repousse,

1. *Publication du texte du Nouveau Testament avec notes et
commentaires* (xv, 6).
2. *Ibid.*, p. 934.
3. *Ibid.*, p. 938.
4. *Ibid.*, p. 1038.
5. *Ibid.*, p. 70.

ce sont les moyens et la méthode; pas de violences,
dit-il en somme, tout cela doit venir doucement;
pour rien au monde je ne voudrais me trouver compromis. Ennemi par tempérament de toute mesure
énergique et radicale, il voulait une réforme, mais il
la voulait lente, mitigée, graduelle, pacifique, avec
des ménagements et des concessions réciproques,
surtout sans intervention populaire, tout devant se
passer entre les beaux esprits sur le terrain de la
théologie. « En définitive tout, d'après lui, devait se
borner à des échanges d'apologies entre les hommes
compétents, à une petite guerre de sectes et de commentaires, à un champ clos de gloses religieuses,
sous la présidence honorifique des princes » (Nisard).
« Je n'aime pas une vérité séditieuse », disait Érasme,
et il se plaignait surtout (Ép. 572) de ce que des arti-
sans et des hommes vulgaires eussent été initiés à
d'aussi grandes questions; ses livres, œuvre d'un
lettré et d'un délicat, ont été traduits en allemand
(Ép. 635), et sont devenus des instruments de propa-
gande, il ne peut le supporter. « Je redoute la violence et le schisme, ajoute-t-il (Ép. 672), et je n'ai
aucun goût pour le martyre; je ressemble plutôt à
saint Pierre qu'à saint Paul... Je suis le pape et l'em-
pereur quand ils font bien, en les tolérant quand ils
font mal » (Ép. 583).

Luther ne se faisait pas d'illusion : il démêla bien
vite ce qui faisait le fond ce caractère de « Nicodème », nature froide et sans audace, et il comprit
que ce lettré raffiné, amateur de belle latinité, qui
s'exerçait à railler dans un style pur et élégant, ce
théologien à demi-païen qui, dans ses prières rem-

plaçait l'onction par l'érudition, s'adressait à Jésus
très bon et très grand, « optimo et maximo »;
mettait Socrate au nombre de ses saints « Sancte
Socrates, ora pro nobis »; il comprit que cet homme-là
ne serait jamais un apôtre, parce qu'il lui manquerait toujours une forte conscience et ces convictions
inébranlables acquises ou plutôt conquises au prix
de douloureux sacrifices, mais qui, seules, sont capables de pousser aux décisions viriles et aux grandes
actions : « Je lis bien Érasme, écrivait-il, en 1517 à
Lang, prieur du couvent d'Erfurt, mais ma confiance
en lui décroît sensiblement. Il est vrai que j'aime à le
voir censurer avec autant de fermeté que d'érudition
l'ignorance des moines et du clergé; mais je crains
qu'il ne fasse pas assez ressortir la grâce de Jésus-
Christ, dont il connaît peu de chose. Ce qui est de
l'homme l'emporte chez lui sur le divin. On n'est pas
un bon et judicieux chrétien parce qu'on sait le grec
et l'hébreu. Le Seigneur lui donnera peut-être l'intelligence en son temps (dabit ei Dominus intellec-
tum suo forte tempore). »

Luther et Érasme n'avaient pas encore corres-
pondu directement et ne se connaissaient que par
des tiers. Des amis communs les mirent en relations, espérant beaucoup de ce rapprochement, et le
28 mars 1519, Luther, le premier, écrivit à Érasme
pour lui témoigner son respect et sa reconnaissance
des services rendus par lui aux belles-lettres et à
l'affranchissement de la pensée (Ép. 399); Luther ne
marchandait pas les éloges à son futur adversaire :
« decus nostrum, spes nostra », ce sont les titres dont
il l'honore; il reconnaît tout ce qu'il lui doit et le prie

d — 2

de le considérer comme un frère en Jésus-Christ. Bien que prudent, Érasme était vaniteux : il ne sut pas rester insensible à la louange. Au bout d'un mois (fin avril 1519; Ép. 427), Érasme répond aimablement, par un mélange d'approbations et de conseils : « Je ne puis que t'engager à continuer comme tu as fait jusqu'à présent, » dit-il, et par un curieux constraste qui jettera une vive lumière sur le caractère indécis et timoré d'Érasme, avant d'écrire cette phrase qui semble une franche et simple approbation, l'humaniste de Rotterdam nous dit qu'il désire garder une neutralité absolue et qu'il n'encouragera personne; la lettre est originale et mérite d'être citée : « Très cher frère en Jésus-Christ, ton épître m'a été extrêmement agréable à cause de la finesse de pensée et de l'esprit vraiment chrétien qui s'y respire... Je ne saurais trouver d'expressions pour te dire quelles tragédies tes écrits ont excité ici : on ne peut ôter de la tête de ces gens ce soupçon si faux que tes « *élucubrations* » ont été écrites avec mon aide et que je suis, comme ils disent, le porte-étendard de cette faction : j'ai juré que tu m'étais inconnu, que je n'avais pas encore lu tes livres, que d'ailleurs, je n'approuvais ni ne désapprouvais rien... Pour moi, je me tiens en dehors autant que faire se peut, afin de me garder tout entier au service des belles-lettres qui refleurissent. Il me paraît que l'on gagne plus par la modération et les formes que par la passion; il vaut beaucoup mieux écrire contre ceux qui abusent de l'autorité des papes que contre les papes eux-mêmes. Quant aux choses trop profondément enracinées dans les esprits pour qu'on puisse les en arracher tout d'un coup, mieux vaut en disputer par des arguments serrés que rien affirmer d'une façon absolue. » Dans cette lettre, vrai chef-d'œuvre de courtoisie, mais en même temps de dissimulation et de diplomatie, on prend sur le vif la faiblesse et la timidité d'un homme qui avait plus de prudence encore que d'esprit et qui connaissait à merveille l'art de voiler sous une fausse bonhomie le fond de sa pensée, qui, misérablement ballotté entre deux partis, oublieux de son passé, de ses désirs d'affranchissement et de rénovation, est prêt, s'il le faut, à les renier plutôt que de se compromettre. Luther ne garda plus aucun espoir de gagner Érasme à sa cause et, après cet essai infructueux, la correspondance amicale s'arrêta.

La rupture complète ne vint pas tout de suite; Érasme voulait rester neutre et ne prendre parti pour personne, mais ses premiers ouvrages, la nouveauté et la hardiesse de ses idées l'avaient signalé à l'attention du clergé romain et, à bon droit, rendu suspect. Aussi, malgré les profondes différences de caractère et de tendances que nous avons remarquées, Érasme et Luther se trouvèrent-ils dès le début confondus dans les mêmes attaques et les mêmes anathèmes. Les moines et les théologiens enveloppaient d'une égale haine l'Évangile et l'antiquité classique. Lettres sacrées, lettres profanes, cette distinction n'existait pas pour eux : il y avait seulement des idées nouvelles qui, mettant en péril leur suprématie, fondée de tout temps sur l'aveugle consentement des peuples, venait les troubler dans leur incurable paresse ou dans leur opulente ignorance : « Reuchlin, Érasme, Luther, ces trois noms entourés d'injures fournissaient la matière de tous les sermons, c'était le même démon sous trois formes... Les ordres de toute dénomination lâchaient contre eux tous leurs prédicateurs. Les chaires retentissaient de bouffonneries haineuses auxquelles le peuple applaudissait; chaque sermon se terminait par une lacération publique d'un de leurs livres à défaut de l'auteur. » Toute l'attention se concentrait sur Érasme et Luther. Les esprits éclairés se partageaient sur ces deux noms. Seulement la position d'Érasme était la plus pénible, par cela même qu'elle n'était pas franche. Il avait maintenant à subir les tiraillements de chaque parti: les adversaires du luthéranisme, l'obsédaient de leurs reproches; de leur côté, les partisans du réformateur, comprenant l'importance du concours d'un pareil auxiliaire, essayaient encore de l'attirer dans leur camp. Le bouillant chevalier Ulrich de Hutten, ardent partisan de la Réforme, qu'il associait à la réalisation de son rêve : l'affranchissement politique de son pays, crut réussir à engager définitivement Érasme dans la cause qui lui était chère. Il ne commit qu'une maladresse, dont le résultat fut de jeter un indécis dans les bras du clergé romain et de hâter la rupture entre l'humanisme et la Réforme.

· Le 1ᵉʳ novembre 1519, Érasme écrivait à l'archevêque Albert de Mayence une lettre catégorique, plus énergique et plus ferme que les précédentes; il se livrait plus que d'habitude et le faisait avec une franchise qui lui était peu naturelle : « J'ai répondu à la lettre très chrétienne que Luther m'a écrite, dit-il, et je lui ai conseillé d'annoncer l'Évangile avec douceur et de ne pas se permettre contre le pape d'excès de

langage. Je ne suis pas des siens : il me semble difficile de porter un jugement sur lui, mais je m'inté-
resse à son sort et non à ses préoccupations. Quel
mal y a-t-il! S'il est coupable, qu'on l'améliore, mais
qu'on ne le punisse pas. S'il est innocent, je consi-
dère comme un devoir chrétien de le défendre contre
ses ennemis; en tout cas, c'est un homme dans lequel
brille une étincelle de piété divine. S'il est conduit
dans une bonne voie, il peut faire beaucoup pour la
cause du Christ. Ses fanatiques adversaires ne con-
sidèrent pas cela : ils condamnent dans ses écrits des
thèses qui leur auraient paru parfaitement ortho-
doxes, s'ils les avaient trouvées dans saint Bernard
ou saint Augustin. Les moines sont la véritable
cause de cette révolution. Ce sont eux qui ont causé
le scandale des indulgences et défendu ces cérémo-
nies judaïques qui ont excité l'indignation de Luther.
Ce n'est pas l'ambition des honneurs et des richesses
qui l'a poussé dans cette voie. Il a osé mal parler de
la puissance temporelle des papes? Mais d'autres
l'avaient fait avant lui. Il a osé mettre en suspicion
la confession? Mais c'est avec la confession que les
les moines violentent les consciences... Autrefois on
appelait hérétique celui qui, dans ses opinions s'écar-
tait de l'Évangile et des articles de foi; aujourd'hui
tout ce qui déplaît aux moines est une hérésie. »

Cette lettre, où Érasme, tout en dégageant son
indépendance, est plus courageux, plus affirmatif,
plus favorable à Luther que dans toute autre, fut
confiée à Ulrich de Heitten qui devait la remettre à
l'archevêque. Ulrich la publia purement et simplement après l'avoir modifiée : Érasme parlait de

Luther, le chevalier écrivit « notre Luther », puis il répandit partout l'épître d'Érasme, comptant bien avoir mis fin aux hésitations du savant hollandais.

Elles prirent fin en effet ces hésitations, mais Érasme se détacha pour toujours de la Réforme. Cette lettre publiée ne passa pas inaperçue et fut bientôt connue de tous. Érasme, dont le rêve était de vivre caché, tout entier à ses chères études, fut de nouveau mis en évidence : porté en triomphe par les uns, accablé d'injures par les autres, il était plus que jamais mortellement découragé. Tiraillé en tous sens, en butte à toutes les attaques, il prit une position de plus en plus fausse. Par tous les moyens, il chercha à se laver du soupçon d'avoir favorisé la Réforme. Ses instincts de savant, son amour de la pensée libre le rapprochaient de Luther, mais la peur de s'engager dans des luttes pour lesquelles il ne se sentait pas fait le retint dans le catholicisme. Et ces luttes pourtant, il ne devait pas les éviter. Rien n'est plus curieux ni plus triste en même temps que le spectacle des oscillations d'Érasme pendant les cinq années qui suivent; il parle sans cesse de ce « Lutherus qui tam mihi ignotus quam cui ignotissimus est »; ses lettres montrent sa préoccupation constante de ne blesser personne, et nous le voyons pesant la portée de ses moindres expressions, ouvert à tous les doutes et à toutes les craintes, s'appliquant avec des ruses de diplomate consommé à ne jamais trop s'engager ni dans un sens ni dans un autre, s'épuisant en efforts stériles pour se maintenir dans la neutralité, esquivant les questions importunes, trop pressantes, donnant des réponses équivoques, évasives, parlant volontiers des autres et se taisant sur son propre compte, accusant, criant, suppliant sans souci de sa dignité. Bien plus, cette timidité excessive ne lui suffit pas : pour éviter plus sûrement toute discussion et pour être certain de ne pas être contredit, il est de l'avis du personnage auquel il écrit. Un seul exemple : dans une lettre adressée à Pierre Barbirius, son ami (1521), Érasme se défend énergiquement d'avoir, en quoi que ce soit, participé à la Réforme; ce qui l'étonne, c'est qu'un pareil soupçon ait jamais pu peser sur lui; affirmer que Luther a puisé dans ses écrits, c'est mentir effrontément; il n'en a jamais emprunté une syllabe. Au même moment Érasme écrivait à Zwingle : « Tout ce que Luther enseigne, je crois l'avoir presque enseigné, mais avec moins d'emportement et sous une forme moins paradoxale. » Invité par l'électeur de Saxe, Frédéric le Sage, à la diète de Cologne, et prié de dire ce qu'il pensait de Luther : « Il a commis deux grands péchés, dit-il, il a osé toucher à la couronne des papes et au ventre des moines. » Puis, laissant ce ton badin sous lequel il avait l'habitude de cacher sa véritable pensée, il ajoute gravement : « Plus un homme est vertueux et attaché à la cause évangélique, moins il est opposé à Luther. La sévérité de la bulle a excité l'indignation de tous les gens de bien, et personne n'a pu y reconnaître la douceur d'un vicaire de Jésus-Christ. Le monde a soif de la vérité évangélique, gardons-nous de lui opposer une résistance coupable. » Ces contradictions formelles se commentent d'elles-mêmes.

Luther, cependant, continuait la lutte sans faiblesse; irrité et triste de la mauvaise foi d'Érasme, il écrivait en 1522 à Gaspard Bœrner, professeur, à Leipzig et ami du savant hollandais : « Tu es du côté d'Érasme, mais celui-ci en sait moins sur la prédestination que n'en ont su jadis les sophistes des écoles. Je ne crains pas ses coups, car il n'est nullement formidable en ces choses, pas plus du reste qu'en aucun point de la connaissance chrétienne. La vérité est plus puissante que l'éloquence, l'esprit plus que le génie, la foi plus que l'érudition... La victoire appartient à la vérité, alors même que celle-ci balbutie et non à la menteuse éloquence... Je ne provoquerai certes pas Érasme et je ne répondrai même qu'après avoir été plusieurs fois provoqué. Et pourtant il ne me paraît pas sage à lui d'essayer sur moi les forces de son éloquence. Je crains qu'il ne trouve pas en Luther un autre Lefèvre d'Étaples et qu'il ne puisse se glorifier de moi comme de cet homme. » Après avoir parlé si hardiment aux amis d'Érasme, Luther pouvait sans se contredire écrire à Œcolampade (juin 1823) : « Bien que je sente les traits qu'il me décoche, comme il dissimule son inimitié, je feins aussi de ne pas m'apercevoir de son astuce. Mais je le comprends mieux qu'il ne pense. Érasme a accompli la chose pour laquelle il a été appelé : il a introduit les langues et nous a détournés des études sacrilèges... Il a mis le doigt sur le mal, mais il ne saurait ni nous enseigner le bien, ni nous conduire à la terre promise. » Luther ne variait pas, lui, et sa loyauté forme contraste avec la duplicité de son adversaire. Aussi n'a-t-il pas assez de mépris pour « cet homme qui ne pense qu'à la paix et qui rejette la croix du

Christ », qui préférait taire la vérité plutôt que de la proclamer ouvertement.

Malgré tout, Érasme ne pouvait se décider à la bataille. De tous les côtés cependant on l'y poussait : les luthériens l'accusaient de déserter par timidité la cause de l'Évangile, les catholiques lui répétaient que s'abstenir de combattre c'était faire cause commune avec les ennemis de la vérité. Le successeur de Léon X, ancien professeur et ami d'Érasme, le pape Adrien VI, ramena pour toujours cette brebis égarée ; il l'exhorta dans un style lyrique à prendre enfin la défense de l'Église menacée : « Hésiteras-tu donc à tourner ta plume contre les folies de ces impies dont Dieu a visiblement détourné sa face ! Lève-toi, lève-toi, Érasme, et viens au secours de la cause de Dieu. Fais servir à sa gloire les grands talents que tu as reçus de lui. » Érasme hésite et se fait attendre : « Je n'ai pas, dit-il, tous les moyens d'influence et d'autorité que tu me prêtes. Mon érudition est médiocre, ma renommée décline peu à peu... Rends-moi ma jeunesse, rends-moi ma santé et je n'hésiterai pas. » Et maintenant c'est une longue plainte mélancolique et douloureuse. Érasme a bien gagné le repos, pourquoi assombrir et tourmenter ainsi les dernières années de sa vie ? « Quel malheur pour moi, écrit-il en 1523, que cette tempête soit venue me surprendre à un moment de ma vie où je devais compter sur un repos mérité par mes longues études ! Que ne m'est-il permis du moins de rester spectateur de cette tragédie, moi qui suis si peu propre à y figurer, surtout quand il y a tant de gens qui se jettent sur la scène. » Ses chers travaux sont sus-

pendus et sa vieillesse se voit engagée dans des luttes
qui réclameraient d'autres forces. On ne peut s'empêcher d'être ému de pitié pour ce vieillard luttant vai-
nement contre une destinée qui l'enferme dans un
cercle toujours plus étroit. Ses dernières années ne
lui appartiennent plus; on en dispose; on fait main
basse sur la tranquillité d'un homme qui va bientôt
sortir de cette vie. « J'aurais voulu, dit-il, veiller
paisiblement dans le jardin des Muses, et la fatalité,
me transformant en athlète sur le bord de la tombe,
me met dans la main au lieu de la lyre les armes du
gladiateur. » (Une simple remarque en passant : en
dépit de sa détresse il est resté bel esprit et phraseur,
jamais douleur ne s'exprima en périodes aussi har-
monieusement balancées, ni en métaphores aussi
gracieuses). Malgré cela, Érasme est réellement
triste; le flot irrésistible de l'opinion l'entraîne, le
domine, le submerge : il faut agir. Devant les théologiens et les lettrés, il est obligé de se composer un
visage souriant, il fait bonne figure. Dans sa correspondance intime il jette le masque, et c'est alors qu'il
laisse échapper ces accents désolés qui trahissent le
trouble profond de son âme. Mais de tous côtés on
harcèle le vieux lutteur fatigué, les procédés les
moins loyaux et les moins délicats sont mis en œuvre
pour le faire sortir avec éclat de son silence obstiné.
C'est un véritable supplice : Érasme cède et annonce
qu'il va attaquer Luther sur sa doctrine de la grâce.

Le réformateur sentit venir le coup et voulut le
parer; non qu'il eût peur, loin de là, le ton de sa
lettre à Érasme le montrera suffisamment, mais il
aurait désiré, à cause de l'influence et de l'autorité

incontestable de l'humaniste, que celui-ci ne se dé-
clarât pas ouvertement contre la Réforme. Luther
a d'ailleurs pleine conscience de sa supériorité et
traite Érasme avec une déférence souvent ironique.
La lettre est d'importance (Ép. 726). En voici les principales idées : Luther commence par des éloges
mérités d'ailleurs et s'excuse de rompre le premier le
silence, bien qu'Érasme soit le premier et le plus
grand. — Puis tout de suite le réformateur change
de ton ; il ne veut reprocher à l'humaniste ni sa sépa-
ration d'avec le mouvement nouveau, ni ses attaques
contre les organisateurs de ce mouvement, ni ses ten-
tatives pour capter la faveur du catholicisme ; la faiblesse d'Érasme est bien connue ; il ne faut pas lui
demander plus qu'il ne peut donner : Érasme est fait
pour les belles-lettres, rien de plus ; « pour le reste,
le cœur n'y est pas ». Luther n'a, jusqu'à ce jour,
rendu à Érasme que des services ; ses amis, mal-
traités dans les écrits du savant hollandais, voulaient
répondre ; Luther leur a conseillé de ne pas le faire ;
il veut se retenir lui-même pour prouver sa modération (s'il s'est jamais irrité, c'est uniquement contre
les ennemis avérés de l'Évangile, jamais contre les
autres), et surtout pour permettre au vieux lettré de
couler une vieillesse tranquille et des derniers jours
heureux. D'ailleurs, si celui-ci veut lutter, il est vaincu
d'avance, l'œuvre de Dieu est trop grande et trop
belle et ne craint rien des hommes. Quelques amis de
la Réforme désireraient, il est vrai, à cause de l'autorité du nom d'Érasme, ne pas avoir ce dernier pour
adversaire. Qu'il ne les compromette pas, qu'il reste
simple spectateur de la tragédie, qu'il n'écrive pas

contre Luther, Luther n'écrira pas contre lui; et la
lettre s'achève dans une exhortation, à la fois émue
et ironique, à la paix et à la bienveillance réciproque.
Il y a donc trois idées principales à retenir : les accu-
sations dissimulées, mais bien réelles, imputées à
l'humaniste son manque d'énergie, sa défaite annoncée d'avance. — Donnons maintenant quelques
citations caractéristiques[1] : « Je me suis tu bien
longtemps, cher Érasme, et quoique j'attendisse que
toi, le premier et le plus grand des deux, tu rompes
le silence, j'ai cru que la charité même m'ordonnait
de commencer. Je ne t'accuserai point de t'être séparé
de nous afin d'être plus libre dans tes luttes contre
les papistes qui sont aussi nos ennemis. Je ne te
rappellerai pas non plus que dans les livres que tu as
publié pour capter leur faveur ou adoucir leur furie
tu nous as fait des morsures trop vives. Nous voyons
que le Seigneur ne t'a pas donné l'énergie qu'il faudrait pour attaquer avec nous ces monstres, librement, courageusement... Nous avons accepté et res-
pecté ta faiblesse... Ce que le monde entier ne peut
nier, c'est que, grâce à toi, fleurissent les lettres qui
conduisent à l'intelligence véritable des Écritures...
Pour moi, je n'ai jamais désiré que tu désertes ce
terrain pour entrer dans notre camp. Si grands que
soient les services que tu eusses pu nous rendre par
ton talent et ton éloquence, puisque le cœur n'y est
pas, mieux vaut servir dans la mesure de ton don...

---

1. Il y a dans le ton du réformateur une condescendance et des
nuances d'ironie que notre analyse n'a pu mettre en relief et dont la
traduction d'ailleurs ne pourra donner qu'une idée très imparfaite.

Nous avons apaisé quelques-uns des nôtres qui avaient préparé des livres pour te traîner dans l'arène... et tu as pu voir dans cette circonstance combien il est aisé d'écrire sur la modération et d'accuser Luther d'emportement, mais difficile, impossible même de se modérer soi-même sans une grâce singulière de l'esprit... Je voudrais si, je pouvais, servir de médiateur et obtenir de mes amis qu'ils cessent de t'attaquer avec tant de passion, qu'ils laissent ta vieillesse s'écouler en paix dans le Seigneur. Ils le feraient, je pense, s'ils considéraient ta faiblesse, et s'ils appréciaient la grandeur de cette cause qui a depuis longtemps dépassé ta mesure, car les choses en sont venues à ce point qu'il n'y a guère pour elle de péril à craindre, quand même Érasme, au lieu de nous lancer des traits et de nous montrer parfois les dents, réunirait contre nous toutes ses forces... Prends en bonne part cette épître un peu enfantine et porte-toi bien. »

Cette lettre, très dure, sous son enjouement apparent, fut pour Érasme un véritable coup de fouet; il répondit immédiatement à Luther : « Pourquoi prendrais-tu donc en mal que, pour s'instruire, on disputât un peu avec toi? Peut-être Érasme, en écrivant contre toi, servirait-il mieux l'Évangile que ces têtes folles qui écrivent pour vous et qui ne permettent à personne de rester spectateur de cette tragédie. Dieu veuille que tout cela n'ait pas en effet une fin tragique. »

Érasme, la même année (septembre 1524), publiait son livre *De libero arbitrio* Διατριβή, *sive collatio Desiderii Erasmi.* Luther répondit en 1525 par le

De servo arbitrio. — Érasme voulut avoir le dernier
mot dans son *Hyperaspistes diatribæ ad servum
arbitrium Lutheri.* Ces divers ouvrages seront
étudiés dans notre seconde partie.

Notre travail serait incomplet si nous arrêtions ici
cette première partie et si nous ne donnions quelques
détails sur les rapports d'Érasme et de Luther après
leur discussion proprement dite. La rupture était
désormais irréparable. Érasme resta jusqu'à sa mort
l'ennemi de la Réforme et ne cessa d'écrire contre
elle; grâce à son influence puissante, grâce à ses nom-
breuses relations, tous les humanistes suivirent son
exemple. C'est ainsi que, par la faiblesse de leur chef,
ces hommes intelligents et hardis, qui avaient tant
de points de contact avec les réformateurs, qui, joints
à eux, auraient pu faire tant de bien et réaliser de
si beaux progrès, laissèrent leurs efforts s'éparpiller,
s'émietter et se tourner même contre le but qu'ils
poursuivaient.

Si Érasme était devenu l'ennemi acharné de Luther,
celui-ci ne le ménage pas davantage : « Oh! vous qui
avez à cœur la gloire de Christ, dit-il, je vous con-
jure d'être opposés à Érasme. Si je vis, je purgerai
l'Église de ses immondices... C'est un petit Grec qui
se moque de tout le monde, le roi de l'amphibologie,
un Juda qui trahit son Christ dans ses baisers, un
homme plus pernicieux que Lucien, un bouffon, un
épicurien qui s'est joué de toutes choses. » Et, dans
une autre lettre, « Érasme, ce sceptique, couronne de
fleurs Jésus-Christ, mais au fond il ne croit ni à
l'Évangile ni à la vie éternelle. » Luther ne désarma
pas même devant la mort; quand on lui dit qu'à son

agonie Érasme s'était écrié : « Fils de Dieu, aie pitié
de moi », il refusa de le croire et dit : « Ces paroles
sont feintes, il a vécu dans la sécurité et il est mort
de même. » — Le réformateur était sévère, trop
sévère même. Était-il injuste? Et la conduite de l'humaniste ne justifiait-elle pas, en grande partie tout au
moins, la dureté de cette impitoyable condamnation ?

Cette première partie de notre étude, en même
temps qu'elle a mis à jour et nous a permis de connaître jusque dans ses intimes détails, le caractère
d'un des plus importants personnages du XVI° siècle, nous sera d'un grand secours pour la discussion qui va suivre, et nous permettra de pénétrer
dans les dernières profondeurs de la pensée des deux
adversaires. Grâce à elle, bien des parties obscures
s'éclaireront, qui seraient pour nous restées lettre
morte ; nous pourrons discerner plus nettement les
atermoiements et les indécisions d'Érasme, puisque
nous connaîtrons leur cause, nous saurons aussi
pourquoi Luther frappe si fort, pas toujours très
juste, puisque nous l'avons vu irrité de la mauvaise
foi de l'humaniste et décidé à ne laisser debout aucun de ses arguments. Certes, jamais la dispute ne
prit le caractère d'une discussion personnelle, et
Luther, nous le verrons dans la suite, sut s'affran-
chir de toute préoccupation intéressée pour rester
dans les hauteurs de la spéculation pure et faire
preuve d'une parfaite loyauté ; c'était bien difficile
à cette époque violente et tourmentée que fut le
XVI° siècle, à ce moment où tous les procédés étaient
bons pour écraser l'adversaire, où l'on ne reculait ni
devant l'injure, ni devant la calomnie. On peut repro-

cher à Luther, nous l'avons vu, quelques vivacités de langage; sa bonne foi dans la querelle reste en dehors de toute atteinte. Il n'en est pas moins vrai pourtant qu'il ne pouvait oublier aussi rapidement tout le passé et qu'il apportait dans la lutte autant de passion et d'indépendance qu'Érasme y apportait de timidité et d'indifférence pour le fond du débat. Il restait difficile à vaincre, car son amour-propre était en jeu, et c'était un subtil adversaire que ce fin lettré, mais il se trouvait dans une position des plus fausses dès le début de la lutte. Tout d'abord, il n'était théologien que par accident, par erreur, aurait-il dit; son domaine à lui c'est la littérature et l'antiquité classique; parlez lui d'une ode d'Horace ou d'une tragédie d'Euripide, vous l'intéresserez; le libre arbitre et le péché le laisseront froid. Luther, au contraire, est théologien dans l'âme; son éducation, ses expériences, ses convictions nouvelles, tout lui montre que les lettres et la culture générale de l'esprit doivent venir après, bien après la vie de l'âme et la joie du cœur renouvelé par Christ; dès lors, des deux adversaires en présence, l'un, médiocrement intéressé, n'apportera dans la bataille que les ressources de son intelligence très lucide et que les arguments d'une philosophie vieillie déjà, l'autre luttera avec toutes les forces vives de son être intérieur. — Érasme écrit parce qu'il y est contraint. Il a résisté longtemps et ne se décide que sur des invitations pressantes, réitérées, qui ressemblent fort à des menaces; on comprend sans peine que ce soit pour lui un motif nouveau de froideur, et non le moindre; dès qu'il pourra sortir de la lutte et retourner au repos

qu'il désire, il le fera ; s'il répond plus tard, ce sera
par pure satisfaction d'amour-propre et pour avoir le
dernier mot. Le réformateur combat pour une doctrine qu'il a élaborée dans la souffrance et dans les
larmes, qu'il a réellement vécue, il mourra pour elle
s'il le faut, et descendra dans l'arène, non pas la contrainte au cœur, non pas avec le désir d'en finir au
plus vite, mais un chant de triomphe sur les lèvres.
Avec quelle ardeur il va se battre ! Ce sujet qu'Érasme
a choisi, croyant Luther vulnérable en cet endroit, a
été et constitue encore la plus vive préoccupation de
l'ancien étudiant d'Erfurt ; discuter sur le libre arbitre et sur la grâce, mais il ne désire que cela, et il
défendra ses idées plein de l'assurance que donne une
profonde conviction intime ; Érasme, déjà à demi-
sceptique défend les siennes (sont-elles bien réellement siennes ?) presque à contre-cœur. — Enfin et
surtout Érasme a peur, peur de tout et de tous, il ne
voudrait être l'ennemi de personne et le voilà jeté
dans un combat corps à corps avec un homme qu'au
fond il admire et estime ; il a des idées excellentes
et très avancées, mais il n'ose pas les défendre ; à ce
sujet ses lettres nous ont suffisamment renseignés, et
ce seront sans cesse, dans la suite, les mêmes indécisions, les mêmes demi-moyens ; lui faire dire caté-
goriquement ce qu'il pense est difficile : il sait mieux
que personne se réfugier derrière l'autorité de l'église
ou d'un Père des premiers siècles. Nul, je pense,
n'osera nier la belle audace de Luther, sa franchise
et son indépendance absolues, son peu de respect
pour les opinions reçues, son amour pour la recherche personnelle.

Nous venons de voir quels étaient les sentiments des deux adversaires : l'un, le lettré, réformateur d'occasion, n'a jamais eu d'autre véritable passion que les enivrements de la science et de la vie intellectuelle, d'autre joie que celle d'une longue étude doucement poursuivie dans un calme que rien ne vient troubler ; l'autre, le moine audacieux, a fait de la religion sa vie, c'est elle qu'il veut relever ; c'est cet amour qui inspire son ardente éloquence et nourrit son puissant génie.

Et maintenant, Érasme et Luther vont en venir aux mains, étudions la lutte et ses résultats.

II

LA DISCUSSION

CHAPITRE PREMIER

Le sujet choisi par Érasme prouvait une fois de
plus l'intelligence si vive et la redoutable habileté de
l'humaniste. Bien loin de s'en prendre à une doctrine dangereuse pour lui et ses amis catholiques,
bien loin de défendre un de ces abus que Luther
avait dénoncés et condamnés au nom de l'Évangile,
Érasme attaque le dogme luthérien de la prédestination et de la liberté, celui qui, entre tous, présen-
tait les difficultés les plus graves; sur un terrain
pareil, l'offensive était facile et la victoire semblait
probable; à ce moment déjà, les affirmations éner-
giques du réformateur choquaient beaucoup de bons
esprits; sur cette épineuse question, l'opinion était
en somme favorable à Érasme, et l'avantage était
d'autant plus sérieux que le dogme attaqué formait
la clef de voûte du système luthérien. L'adversaire
d'Érasme l'eut bien vite compris : « Je te loue éner-

giquement, dit-il, à la fin de son livre, de ce que, seul entre tous, tu t'es attaqué à la chose essentielle, au nœud de la difficulté, au lieu de me fatiguer de taquineries hors de propos sur la papauté, le purgatoire, les indulgences et autres futilités du même genre. Tu m'as saisi vraiment à la gorge. »

Luther avait déjà exposé et défendu sa doctrine de la grâce en 1516, dans quelques propositions sur la chute et le péché; il y mettait en relief l'impuissance de l'homme à faire le bien et à mériter le pardon divin; en 1517, il publia quatre-vingt-dix-neuf conclusions, dont la dernière résumait les autres en ces termes : « Homo, arbor, male factus, non potest nisi malum velle et facere. » En 1518 enfin, à la disputation de Heidelberg, il témoigna d'un attachement inébranlable au dogme augustinien qu'il défendit avec force dans ses *Resolutiones* contre Eck. Luther fut condamné en 1519 par les Facultés de Cologne, Louvain et Paris. Approuvé par d'illustres docteurs de l'époque, fort de l'appui de beaucoup d'hommes modérés et pieux qui se refusaient à admettre la prédestination dans toute sa rigueur, Érasme fit tout son possible pour mettre en lumière les théories déterministes du réformateur dans leur exagération même et pour en signaler les périls.

Dans une courte introduction, Érasme exprime tous ses regrets d'avoir été contraint à une discussion publique : les Écritures sont obscures et difficiles, qui peut se vanter d'avoir l'esprit de Dieu? Ne vaudrait-il pas mieux s'en tenir aux affirmations essentielles et attendre le moment où nous verrons face à face? En tout cas il vaudrait mieux restreindre

de pareilles querelles à de petits cercles de théologiens : « Licet dicere verum, verum non expedit apud
quoslibet, nec quovis tempore, nec quovis modo. »

Vient ensuite la définition du libre arbitre; le
point de départ de là discussion sera la réfutation de
ce passage de Luther : « Male enim dixi quod liberum arbitrium ante gratiam sit res de solo titulo,
sed simpliciter debui dicere : liberum arbitrium est
figmentum in rebus, seu titulus sine re, quia nulli est
in manu quippiam cogitare mali aut boni, sed omnia
ut Viclevi articulus Constantiæ condemnatus recte
docet, de necessitate absoluta eveniunt » (*Assertio-
nes*). Luther supprime purement et simplement le
libre arbitre; Érasme, semi-pélagien, lui oppose la
définition suivante : « Liberum arbitrium est vis hu-
manæ voluntatis qua se possit homo applicare ad quæ
perducunt ad æternam salutem, aut ab iisdem ever-
tere. » De nombreux textes et des arguments d'une
portée plus générale viennent à l'appui de ce point de
vue. Dans le livre, ils sont cités sans ordre et souvent mêlés, ce qui rend la lecture des deux ouvrages (le défaut est loin d'être particulier à Érasme),
assez difficile et laisse une impression de confusion.
Pour plus de clarté nous nous permettrons de séparer
les textes et de les classer; nous verrons ensuite les
arguments.

Notre auteur étudie d'abord les passages favora-
bles à sa thèse : dans Sapience xv, 14, il trouve :
« Dieu a créé l'homme et lui a donné le choix; si tu
veux, tu garderas ses commandements et feras ce qui
lui plaît en bonne confiance. Il t'a présenté l'eau et
le feu, saisis ce que tu voudras. A l'homme sont

offertes la vie et la mort : il obtiendra celle des deux
qu'il désire. » L'exégèse est facile et toute indiquée :
Érasme en tire naturellement sa définition du libre
arbitre ; nous avons cité dans son intégrité ce premier
texte : c'est pour Érasme le plus concluant ; nous ne
ferons qu'indiquer les autres : Deutéronome xxx, 15,
Ésaïe I, 19, 20 ; LV, 3-7 ; I Corinthiens IX, 24 ; Jacques
I, 13-14. Au sujet de chacun d'entre eux deux idées,
toujours les mêmes, sont développées : le fait que Dieu
nous ordonne ou nous défend tel acte implique pour
nous la possibilité de transgresser l'ordre ou de violer
le commandement ; il y aurait autrement de la part
de Dieu pure raillerie. De plus, Dieu ne nous deman-
derait pas compte de nos actes, et notre responsabilité ne serait plus qu'un mot si nous n'étions pas
libres, au moins dans une certaine mesure. Nous
aurons plus tard à voir de près et à apprécier la valeur de ces arguments tirés des textes.

Il est plus curieux de voir comment Érasme réfute
les passages cités par Luther : Exode IX, 12 : « Et
l'Éternel endurcit le cœur de Pharaon. » Il ne faut
pas voir là une négation de la liberté humaine : Dieu
agit de la même façon sur tous les hommes ; seulement les résultats diffèrent suivant leur individualité :
il convertit les uns et endurcit les autres, de même
que le soleil solidifie la fange et amollit la cire. Cette
explication, disons-le en passant, est loin d'être con-
cluante : elle ne fait que reculer la difficulté : l'homme
connaît les effets du soleil, Dieu connaît aussi les
effets de son action sur le méchant, donc il est la
cause première de son endurcissement. Dans Jérémie
x, 23 : « Éternel, je connais que la voie de l'homme

ne dépend pas de lui, et qu'il n'est pas au pouvoir de
l'homme qui marche de bien diriger ses pas. » C'est
là la dépendance dans laquelle nous nous trouvons
vis-à-vis de mille circonstances imprévues et acciden-
telles, dit Érasme ; c'est une banalité et non pas l'élo-
quent aveu de la faiblesse humaine. Ésaïe XLV, 9 et
suivants : « Malheur à qui dispute contre celui à qui
l'a formé, qu'un pot discute contre d'autres pots de
terre », etc... Cette comparaison ne détermine pas les
rapports entre Dieu et l'homme en vertu de la créa-
tion, mais le prophète veut reprocher aux juifs leur
éternel mécontentement et leur ingratitude : « Ad id
igitur interpretemus parabolam cujus docendi gratia
adhibita est ». Jean XV, 5 : « Hors de moi vous ne
pouvez rien faire. » Luther voyait là un argument
irréfragable, « telum Achilleum et inevitabile » ; il
prenait le mot rien dans son sens littéral et absolu.
Érasme en mitige la signification par une foule
d'exemples où le mot n'est pas pris à la lettre. Philippiens II, 13 : « Car c'est Dieu qui produit en vous et
la volonté et l'exécution selon son bon plaisir. »
Erasme rapporte υπερ της ευδοκιας à l'homme et non à
Dieu sans se préoccuper de la contradiction entre la
première partie du verset et la deuxième. Il n'est
pas difficile de voir en somme que l'exégèse d'Érasme
n'est pas toujours très loyale et qu'il cherche sans
cesse à atténuer, à mitiger le sens des passages favo-
rables à Luther, à en diminuer la portée.

Passant à la discussion générale, l'auteur du *De
libero arbitrio* fait ressortir la dureté et le côté
choquant de la théorie de Luther ; il l'isole de façon à
la faire paraître insoutenable aux yeux de tous : les

théologiens hostiles à Pélage, dit-il, se rangent en trois catégories : ceux qui ne donnent presque rien au libre arbitre, tout en ne le supprimant pas, et qui laissent à peu près tout à la grâce. D'autres, plus durs, affirment que le libre arbitre n'a de pouvoir que pour pécher, la grâce seule opère en nous le bien non par le libre arbitre, ni avec le libre arbritre, mais dans le libre arbitre. Une troisième théorie plus choquante encore (c'est celle de Luther) veut que le libre arbitre ne soit qu'un vain mot. Il ne se manifeste jamais et il ne s'est jamais manifesté, ni dans les Anges, ni en Adam, ni en nous, ni avant ni après la grâce; Dieu opère en nous le bien et le mal : tout arrive par nécessité absolue. Érasme est l'adversaire de cette dernière affirmation, mais un adversaire souvent déloyal, et nous retrouvons ici certains traits que nous avons déjà constatés à propos des commentaires des textes; Érasme commence par grossir les difficultés de la prédestination luthé-rienne : on ne peut affirmer que ce qu'il dit soit faux, mais on retrouve partout, dans son exposé, un parti-pris hostile, une ferme résolution d'exagérer ce qui déjà semble inacceptable; bien plus, il affirme à tort qu'aucun théologien n'a jamais soutenu théorie pa-reille; or, sur bien des points, Luther n'a fait que reproduire la doctrine augustinienne.

C'est là le deuxième argument d'Érasme; après avoir insisté sur la dureté de cette « doctrine bar-bare », il montre que tous les penseurs, choqués de son injustice, se sont déclarés contre elle. « *L'unique* difficulté, dit-il, est de déterminer jusqu'où s'étend la liberté de notre volonté après le péché et avant l'obtention de la grâce; c'est là le point sur lequel anciens et modernes ne sont pas d'accord. » Mais tous croient au libre arbitre; suit une longue liste de noms : Origène, Basile, Chrysostôme, Cyrille, Jean de Damas, Tertullien, Cyprien, Arnobe, saint Jérôme, Ambroise, etc. A cette pléiade de savants et de saints, Luther ne peut opposer que le nom de deux obscurs hérétiques : Wiclef et Valla.

Viennent enfin les raisons morales, sans contredit les plus importantes. Dieu n'est plus le Dieu de justice et de bonté; l'homme n'a plus aucun motif de travailler, de chercher à développer son activité, son cœur, son âme : il n'y a plus de vice ni de vertu, tout ressort moral est brisé. Après de longs développements dans lesquels, sans jamais préciser sa pensée, notre auteur essaie d'étouffer celle de son adversaire dans les replis tortueux d'une discussion habile et minutieuse, nous en arrivons à la conclusion suivante : « Quoique la liberté ait été déprimée par le péché, elle n'est pas entièrement perdue; quoiqu'elle soit devenue boiteuse pour ainsi dire (avant d'avoir obtenu la grâce nous sommes plus enclins au mal qu'au bien), nous n'en sommes pas privés tout à fait; toutefois l'habitude de pécher, devenue en quelque sorte notre seconde nature, trouble notre jugement et restreint parfois la liberté de notre volonté au point qu'on serait tenté de croire que notre jugement s'est perdu et que la liberté nous est entièrement ravie. » La liberté existe cependant. En somme, Érasme admet (il est très difficile de préciser sa pensée) le péché originel laissant à l'homme un fonds de liberté et de raison qu'il appelle grâce naturelle; de là vient la

sagesse des philosophes païens. A cette grâce naturelle s'ajoute la grâce prévenante qui réveille les
consciences et que Dieu accorde également à tous les
hommes pour inviter, non pour contraindre leur libre
arbitre; de nous seul dépend l'acceptation ou le refus
de cette invitation. A ceux qui acceptent la grâce
prévenante, Dieu accorde le secours de la grâce
coopérante qui fortifie la volonté, la conduit jusqu'au
bout. Dieu, vis-à-vis de l'homme, est un père qui
montre un fruit à son enfant incapable de marcher, le
met debout, le guide par la main, le soutient tout le
temps et lui donne le fruit, prix de la course. Érasme
réduit le libre arbitre au consentement et à la persé-
vérance dans le consentement, sans se demander ni
jusqu'à quel point l'état intérieur de l'homme le détermine à refuser ou à donner ce consentement, ni par
quelle aberration l'homme qui n'est libre que s'il est
éclairé et est, de plus, excité par la grâce prévenante,
refuse en pleine connaissance son adhésion.

Nous verrons plus tard ce qu'il faut penser des
conclusions d'Érasme; contentons-nous pour le moment de faire remarquer à quel point sa pensée est
insaisissable et fuyante; à tout instant il se dérobe :
il cherche à embarrasser son adversaire sans dire
une seule fois avec franchise et sans ambage ce qu'il
croit meilleur et ce qu'il oppose aux idées de Luther;
il cherche à abattre mais sans essayer de reconstruire,
il s'efforce de renverser une doctrine qui lui déplaît
sans faire la moindre tentative pour la remplacer, et
si nous avons pu donner un vague aperçu de sa
théorie personnelle, c'est en recueillant des traits
épars, çà et là, pour en former un ensemble que l'au-

teur eût peut-être désavoué. Par timidité, il évite toujours de donner son propre avis et pour ne pas laisser de prise à son ennemi, sur les points délicats, il garde le silence; il dira volontiers : je me range à l'opinion des sceptiques, de ceux qui n'affirment rien; ou bien encore, s'abritant derrière des autorités jusque-là incontestées : je déclare accepter d'avance avec respect toutes les opinions de l'Église en cette matière. Nous retrouvons ici les défauts particuliers à Érasme signalés dans la première partie de notre étude; moins contraint, l'humaniste aurait discuté plus franchement, et son livre serait plus clair. Il serait cependant injuste de méconnaître les réelles qualités dont Érasme a fait preuve dans le *De libero arbitrio;* si la pensée est souvent obscure, le style est limpide et les phrases courtes, alertes, souvent nerveuses et concises, se lisent sans peine. Le latin d'Érasme est incontestablement supérieur à celui du réformateur. Disons aussi que la modération lui méritera toujours le respect et l'indulgence de la postérité : « Res sine conviciis agetur, dit-il, seu quia magis decet Christianos, seu quia sic certius invenitur veritas, quæ sæpenumero altercando dimittitur... Disputatorem agam, non judicem; inquisitorem, non dogmatisten, paratus a quocumque discere, si quid adferatur rectius. »

Avec le livre de Luther, nous sommes en face d'un tout autre homme, d'une méthode toute différente. Autant l'humaniste était prudent et modéré, parfois peu loyal, autant le réformateur est fougueux, emporté, brutal quelquefois. La modération d'Érasme l'avait amené à éviter les conclusions nettes et parfois à se contredire (il définit le libre arbitre la faculté de la volonté humaine, en vertu de laquelle l'homme peut s'appliquer à ce qui le conduit à la félicité éternelle; il dit ensuite : l'homme sans la grâce ne peut vouloir le bien). Luther a lui aussi ses défauts : il poursuit pas à pas son adversaire et le réfute d'aussi près que possible, souvent avec aigreur; ce n'est donc pas une exposition systématique que nous trouverons dans le *Serf-arbitre*, mais un entassement confus de textes discutés, de raisons personnelles, d'allusions obscures, d'arguments d'ordre général : tout cela est mêlé, brouillé, confus, sans suite : pas d'unité, d'où peu de clarté; malgré tout, il y a du mouvement, de la chaleur, de la vie : parfois, au milieu d'un raisonnement abstrait et obscur, un trait de lumière jaillit, une expression pittoresque éclaire le paragraphe entier d'une lueur inattendue, et la pensée de l'auteur apparaît, très nette, en dépit de développements inutiles et touffus. Dès les premières lignes, nous retrouvons la puissante personnalité de Luther avec sa brusquerie, sa franchise joviale, son dédain des nuances et des moyens termes : « Jacta est alea; exiit in lumen libellus de servo arbitrio, autor, mihi crede, fascinus, ut nunc res habent Germaniæ; exspecto lapidationem, et jam nunc aliquot rabiosi libelli in caput meum provolarunt. » Dans tout ce préambule Luther prend exactement le contre-pied des idées de son adversaire : l'un regrettait d'être forcé de combattre et montrait les dangers d'une discussion publique; l'autre se jette dans la bataille à corps perdu et veut que le grand public soit au courant de toutes ses péripéties; l'un jugeait la Bible incompréhensible et s'en rapportait à l'autorité de l'Église, l'autre s'en tient aux Écritures et trouve en elles, en elles seules, la solution de toutes les difficultés et la réponse à toutes les questions. Érasme s'en remettait à la décision de l'Église à propos d'un des problèmes fondamentaux du Christianisme, Luther affirme que le chrétien a besoin d'une certitude personnelle. « Il n'y a point de christianisme; sans de fermes convictions et une confession franche de la vérité, et si la vérité révélée dans les Saintes Écritures est cachée au cœur naturel de l'homme, elle apparaît avec évidence aux yeux des chrétiens et leur donne une invincible défense contre leurs adversaires. » Il montre ensuite l'importance de la question : « Le laboureur ne doit-il pas connaître la nature du sol auquel il demande des moissons? Est-ce que nous ne devons pas savoir la nature des rapports qui nous lient à Dieu, et ce que nous pouvons faire pour le servir et pour l'aimer? Autrement il nous est éternellement étranger. Or il faut savoir avant tout que Dieu opère tout en nous, que le hasard n'est rien, que tout se fait selon son immuable volonté. »

Et les différences s'accentuent à mesure qu'on avance dans la lecture du *Serf-arbitre*. Pour l'exégèse des textes cependant, les deux auteurs usent des mêmes subterfuges et tordent les passages à plaisir. Nous n'en citerons que deux : Matthieu xix, 7 : « Pourquoi m'appelles-tu bon? Il n'y a qu'un seul bon, c'est Dieu. Si *tu veux* entrer dans la vie, garde les commandements. » Ces mots, dit Luther, comportent la prescience de Dieu, de telle sorte qu'il faudrait traduire « si tu veux » par « si tu es l'homme élu par Dieu, l'homme auquel il donnera la force de garder ses commandements ». Cette interprétation est pour le moins aussi arbitraire que celle d'Érasme, et l'on ne comprend plus guère le réformateur lorsqu'il adresse à ce sujet d'amers reproches à son adversaire : « Il y a danger, bien plus sacrilège à détourner de son véritable sens la parole de Dieu, sans nécessité et sans autorité. » Dans Ézéchiel XXXIII, 11 : « Je suis vivant, dit l'Éternel le Seigneur, que je ne prends point plaisir à la mort du méchant, mais plutôt à ce que le méchant se détourne de son train et qu'il vive. Détournez-vous, détournez-vous de votre méchant train, et pourquoi mourriez-vous, maison d'Israël? » Luther repousse la liberté qui, semble-t-il, est affirmée dans ce texte : Dieu agit toujours, sur les méchants comme sur les bons; quand il agit sur les méchants, il se sert d'un mauvais instrument qui ne peut rien produire de bon : « Agit in illis taliter quales illi sunt et quales invenit. » Ici encore la difficulté n'est que reculée. Dans l'étude des textes cités par Érasme, le réformateur interprète donc l'Écriture à sa façon, la viole parfois, et la force à déposer en faveur de sa thèse. Même méthode pour les passages nouveaux qu'il examine : l'épître aux Romains lui en fournit beaucoup, plaçant l'homme sous la colère de Dieu et ne lui laissant d'autre alternative qu'une condamnation éternelle ou une grâce imméritée. S'il y avait en nous une minuscule étincelle de vie, Paul ne parlerait pas d'une sentence inévitable. La déclaration de Jésus à Nicodème apporte à Luther l'occasion d'un nouveau triomphe : « Il faut naître de nouveau. » Le sens gé-

néral du passage serait, d'après notre auteur : Nul
ne vient à Christ si le Père ne l'attire. Où est le libre
arbitre là-dedans? En somme, dans l'examen scrip-
turaire, Luther, comme Érasme, est peu varié : il
répète sous mille formes diverses cette pensée :
« L'homme est incapable de se sauver lui-même. Le
salut vient de Christ, et c'est un don de Dieu : si nous
croyons que Jésus nous sauve par son sacrifice,
n'est-ce point anéantir son œuvre de grâce que d'en
revendiquer une part quelconque pour nous »? De là,
pour l'élu, la joyeuse certitude de la félicité : il n'y
participe en rien : Dieu fait tout; plus de doute. Sinon,
quelle affreuse incertitude!

La discussion porte ensuite sur des arguments
plus sérieux. Érasme s'appuyait sur le consentement
universel; tous les grands hommes du christianisme
et de l'antiquité classique croyaient au libre arbitre,
et la preuve qu'il y avait possibilité pour l'homme de
se tourner vers le bien, c'est que les sages du paganisme ont fait le bien. Luther commence par citer
plusieurs Pères, partisans, comme lui, de la prédestination; quant aux sages antiques, il n'y a eu chez
eux qu'un simulacre extérieur de bonnes œuvres, un
prurit de gloire, jamais une vertu désintéressée; cette
vertu apparente est d'ailleurs déshonnête aux yeux de
Dieu : ils lui ont dérobé sa gloire pour se l'attribuer à
eux-mêmes par la plus infâme des rapines; ils n'ont
jamais été plus mauvais et plus « noirs de turpitudes »
qu'au moment même où ils brillaient de tout l'éclat
de leurs belles actions. Comment auraient-ils pu agir
pour Dieu et pour sa gloire : non que Dieu ne se
manifestât pas, mais la chair, en eux, à force de fu-

reur pour sa gloire propre, ne leur permettait pas de voir celle de Dieu. « Parle donc maintenant de ton fameux esprit hégémonique, de cette partie princi-pale de l'homme qui s'efforce, suivant toi, vers l'hon-nête et qui n'est que la voleuse de l'honneur de Dieu. »

Si Dieu a donné des commandements à l'homme, disait Érasme, c'est avec la pensée que celui-ci pou-vait les accomplir. Nullement, répond Luther, Dieu veut simplement convaincre l'homme de son impuis-sance; il ressemble au médecin qui dit au patient : lève-toi, sachant bien qu'il en est incapable, unique-ment pour constater la réalité de sa maladie. « Le commandement, c'est ce qui est exigé de nous, nulle-ment ce que nous faisons ou ce qu'il nous est possible de faire; les grammairiens et les enfants des carre-fours même le savent : c'est le temps indicatif qu'on emploie pour indiquer ce qui arrive ou peut arriver. » En réalité, les divergences des deux auteurs vien-nent de leur définition différente de la volonté : pour Luther, la volonté est un agent déterminé, ne pouvant agir que selon sa nature; pour Érasme, c'est, au contraire, la faculté de libre choix, la possibilité de prendre n'importe quelle décision; dès lors, c'est une moquerie de dire : choisis et garde le commandement si nous n'avons pas le pouvoir de le faire; le réforma-teur, lui, trouve inconséquent un docteur qui admet que l'homme ne peut-être éclairé sans le Saint-Esprit et Christ, et qui conclut ensuite à une puissance d'opter pour ce qui nous est enseigné comme condi-tion du salut : il y a contradiction, et c'est comme si l'on disait : il faut des poires pour une compote, donc le pommier doit produire des poires. Le commandement indique les conditions que nous avons à remplir pour ne pas attirer sur nous les malédictions de l'Éternel : « Tu ne feras pas cela sans en porter la peine » ; mais les avertissements et les préceptes n'ont nullement la puissance de créer en nous la volonté de les accomplir : si d'ailleurs les ordres de Dieu étaient pris au pied de la lettre, ils constitueraient une promesse ; or Dieu ne peut mentir, par conséquent l'homme ne peut pécher ; or l'homme pèche, donc les commandements de Dieu ne sont pas des promesses, ou ses promesses ne signifient rien. La loi nous fait connaître le mal que nous ne pouvons pas éviter et le bien que nous ne pouvons pas accomplir, afin que la conscience de notre impuissance et de notre maladie nous rende capables d'en être guéris. Est-ce à dire que nous puissions faire ce que Dieu nous prescrit ou que Dieu se raille de nous? Nullement : mais Dieu nous met à l'épreuve pour nous humilier et nous effrayer, pour nous faire chercher en lui un refuge que nous ne saurions trouver autre part.

Dieu nous dit qu'il ne veut pas la mort du pécheur, mais sa conversion et sa vie. Comment peut-il vouloir que tant d'hommes s'endurcissent et meurent dans leurs fautes? Luther distingue ici entre la volonté révélée et la volonté cachée de l'Éternel. Par la première, il attire à lui tous les hommes ; par la deuxième, incompréhensible mystère, il opère en tous la vie et la mort et décrète d'avance les sauvés et les non-sauvés. Dieu est donc l'auteur du mal? Mystère ! Il est impie de vouloir tout comprendre et tout sonder : « Aliter de Deo, vel voluntate Dei nobis prædicata, revelata, oblata, culta, et de Deo non prædicato, non revelato, non oblato, non culto, disputandum est. »

Mais s'il n'y a pas de libre arbitre, il n'y a pas de mérites ni de culpabilités, s'il n'y a pas de mérites ni de culpabilités, il n'y a plus ni récompenses ni châtiments, l'activité de l'homme n'a pas de raison d'être : il n'y a qu'à se laisser aller. La réponse de Luther renverse tout l'édifice de la sagesse humaine : Dieu ne s'inquiète pas de ce qui nous semble juste, il répand sa grâce sur ceux qui n'en sont pas dignes et sa colère sur ceux qui ne le méritent pas. L'homme s'aveugle en exigeant que Dieu agisse d'après le droit humain : Dieu est l'être dont la volonté n'a ni cause ni raison, ce n'est pas par ce qu'il doit ou devrait vouloir ce qu'il veut que sa volonté est juste, mais parce que telle est sa volonté, tout ce qui arrive doit être juste. C'est ce que disent les savants : il est insensé de commencer une conception du monde par la métaphysique. Notre rôle n'est pas de nous prononcer d'après ce qui doit être pour voir ce qui est, mais de voir ce qui est pour tâcher de comprendre ce qui doit être. Où les hommes ont-ils vu que les mérites valaient une récompense et qu'en n'ayant d'obligations qu'envers nos propres idées et en imposant à nos voisins ce qui nous semble juste, nous puissions forcer le cours des choses à nous récompenser ? Quel banquier soldera nos droits à la gloire et au bonheur, après que nous aurons sacrifié notre vie et celle des autres à ce qui nous semble bon ? Depuis le commencement du monde les hommes n'ont jamais conçu d'autre sagesse que d'employer leurs énergies à chercher ce qu'ils jugeaient de plus avantageux et

à le proclamer juste. Ils sont infatués de leur propre
idéal et incapables de chercher et de reconnaître la
vraie justice. L'objection des mérites et des récompenses n'a donc pas de raison d'être. Dieu condamne
l'iniquité sans tenir compte de nos mérites et de notre propre justice : les persécutions infligées aux ré-
formés viennent d'une conviction honnête : elles sont
pourtant condamnées et maudites de Dieu. Luther
conclura-t-il que la fraude et la force règnent seules
ici-bas, que la morale est un vain mot ? Non, mais
notre justice à nous n'est pas la justice en soi ; la
créature est esclave de ses aveuglements et de ses
désirs, se fait une fausse idée de ce qui devrait être
et ne peut imaginer l'autre justice, celle qui ne vient
nullement de nos mérites et de nos droits, mais qui
règne malgré nous pour le bien de tous.

Comment enfin, objectait Érasme, comment concilier tout cela avec la notion d'un Dieu juste et bon ?
Pourquoi ne change-t-il pas la nature de tous ?
Pourquoi nous rend-il responsables si nous sommes
impuissants ? Luther reprend ici la théorie augustinienne ; trois alternatives sont également possibles :
tous les hommes étant pécheurs, ou bien tous subi-
ront les conséquences du péché, ou bien la grâce leur
sera donnée à tous, ou bien quelques-uns seulement
jouiront de cette grâce et les autres seront abandon-
nés à la puissance du péché et de la mort. Dieu a le
droit absolu de prendre l'un ou l'autre de ces partis :
il peut refuser sa miséricorde à tous : c'est sa justice
stricte et nul ne lui en demandera compte. — Si le
pardon est universel, c'est que le créancier a quitté
leur dette à tous ses débiteurs, et ici encore Dieu ne

dépasse pas ses légitimes prérogatives ; — choisit-il
quelques élus ? Il est parfaitement libre de réclamer
aux uns ce qu'il abandonne à d'autres. C'est ce dernier parti cependant qui monre sous leur jour le plus
favorable, l'amour de Dieu et son équité. Infligera-
t-il à tous les hommes les châtiments impitoyables
que leur valent leurs fautes : sa justice seule est satisfaite ; — accordera-t-il à l'humanité un absolu pardon : sa clémence apparaît dans tout son éclat, mais
ses menaces sont restées vaines. — Reste la troisième
alternative, et c'est elle qui réunit, en une harmo-
nieuse synthèse, la justice et la bonté de Dieu. Bien
plus, la condamnation des réprouvés est une nécessité absolue : mettons à part le motif principal, celui
que nous venons d'indiquer, cette sentence irrévoca-
ble nous manifeste en même temps l'horreur de Dieu
pour le péché et la profondeur de sa miséricorde en
nous permettant de sonder l'abîme dont il a tiré ses
élus ; elle est aussi pour eux une puissante leçon
d'humilité, d'amour et de reconnaissance envers un
juge aussi rempli de mansuétude. Que si toutes
ces explications ne suffisent pas, ajoute Luther,
ne m'en demandez pas davantage : qui es-tu, ô
homme, pour t'élever contre Dieu ? Laissez toutes
ces questions subtiles ; adorez, nous ne savons pas ;
dans la vie à venir ce mystère nous sera révélé :
les questions insolubles se résoudront d'elles-mêmes. Pour le moment, contentons-nous d'affirmer
que tous les attributs divins se résument dans
l'amour éternel. Dieu, quoi qu'il fasse, n'est jamais
injuste ni cruel avec ses créatures ; il est difficile de
concilier ce point de vue avec la prédestination ; c'est

cependant sur cette pensée que Luther met l'accent.

Nous avons examiné les diverses réponses opposées par le réformateur aux objections de son adversaire ; essayons maintenant de donner une idée d'ensemble de son système. La vieille antinomie entre la grâce et la liberté, la prescience divine et le libre arbitre ne gêne pas notre auteur ; sur les deux termes, il en supprime un et ne conserve que la prescience : « La question n'est pas difficile, il ne peut pas y avoir de vérité plus accessible au simple bon sens que la suivante : ce que Dieu prévoit arrive de toute nécessité ; mais j'avoue que la question est difficile, insoluble même si l'on veut retenir la prescience de Dieu et le libre arbitre de l'homme. » — S'il y avait une liberté virtuelle, concevable à côté de la prescience de Dieu, le péché originel la détruirait : la volonté est l'esclave du péché, l'homme ne connaît ni ne veut le bien par lui-même. La chute a obscurci notre intelligence, troublé notre jugement, supprimé notre liberté, s'il y en avait une auparavant. — Nier ces effets de la chute, c'est nier la nécessité de la Rédemption et rejeter Christ : « Si sana est patior pars hominis, redemptore Christo non eget. » — La chute d'Adam implique donc celle de tout le genre humain. Dieu aurait pu le vouer tout entier à la perdition ; il a cependant choisi quelques élus : les autres n'ont pas le droit de se plaindre. — Ce décret de Dieu est éternel et infaillible et se trouve appliqué sans qu'il faille tenir compte de la moralité de chacun ; toutefois, celui qui jouira de la félicité se distinguera par ses bonnes œuvres, et la vie du méchant justifiera sa réprobation ; mais les élus et les réprouvés ne peuvent en rien empêcher leur destinée de s'accomplir : le juste n'a aucune part à sa conversion ; Dieu produit en lui le vouloir et le faire ; Satan fait servir le méchant à ses desseins et le pousse au mal. Donc négation absolue de toute liberté ; personne n'est libre : le méchant est l'esclave de Satan, le chrétien est l'esclave de Dieu, d'où le « liberum arbitrium » est pour Luther la « vis qua homo rapi spiritu et imbui gratia Dei aptus est ». — L'homme joue dans sa conversion un rôle purement passif : tout synergisme est à rejeter : « Homo, antequam renovetur in novam creaturam regni spiritus, nihil facit, nihil conatur quo paretur ad eam renovationem et regnum. Deinde recreatus, nihil conatur quo perseverat in regno. Sed utrumque facit solus spiritus in nobis, nos sine nobis recreans. » L'homme n'est plus qu'un instrument entre les mains de l'ouvrier : « Agimur quemadmodum serra aut securis a fabro agitur ». — Naturellement, les païens, ne connaissant pas la grâce, sont voués à la damnation éternelle. Leurs vertus elles-mêmes tournent à leur honte, nous l'avons vu : « En s'attribuant à eux-mêmes leurs bonnes actions, et en s'arrogeant la gloire qui revient à Dieu, les païens sont d'autant plus coupables que leurs actions paraissent avoir plus d'éclat. »

Dès l'apparition du *Serf-arbitre*, Érasme répondit. Son *Hyperaspistes* fut composé rapidement, dans le premier élan de l'indignation ressentie par l'humaniste à la lecture de la violente riposte de Luther. Le livre se ressent de la hâte avec laquelle il fut écrit : le ton général de l'ouvrage est passionné ; Érasme y montre une rudesse à laquelle il ne nous avait pas habitués et qui dépasse même celle du réformateur. Mélanchton, dans une lettre à Camerarius, nous donne une idée de l'étonnement général à l'apparition de l'opuscule : « Ecquid nunquam legisti scriptum, Joachime, acerbius quam Erasmicum Hyperaspisten? » La discussion ne s'enrichit d'aucun élément nouveau : Érasme adresse à Luther d'amers reproches; il repousse l'accusation de pélagianisme portée contre sa définition du libre arbitre et suppose la grâce partout. Nul plus que lui n'est fermement attaché à l'Évangile : il mourrait plutôt que de scandaliser un chrétien ; les noms de Lucien, Épicure, Porphyre, que son ennemi ne lui a pas ménagés sont tout autant de blasphèmes. En tout cas, sa modération, dans son *De libero arbitrio* avait pu faire croire que sur certains points il faisait encore cause commune avec Luther; la rupture est maintenant definitive; « j'en suis bien heureux », ajoute Érasme, et il rend grâce à la brutalité de son adversaire qui lui a fourni l'occasion de montrer son inébranlable attachement à l'Église catholique; plus que jamais il lui soumet tous ses écrits. Pour le fond du débat, rien n'est changé : « Il m'est impossible de décider la question si l'homme peut, sans grâce spéciale et préalable, mériter par des œuvres moralement bonnes l'efficace de la grâce. » C'est ici que s'arrête la discussion : les relations ultérieures d'Érasme et de Luther n'éclaircissent aucun des points restés obscurs.

Sans vouloir empiéter sur le chapitre suivant, ni préjuger de la valeur des deux systèmes, nous pouvons essayer de résumer l'impression d'ensemble et

l'idée générale qui se dégagent de cette étude. La position d'Érasme est intenable : homme de juste milieu,
il reste suspendu entre Pélage et Augustin. En vue
de maintenir la croyance en une Église à qui Dieu
révèle surnaturellement sa volonté et accorde miraculeusement le pouvoir de remettre les péchés, il juge
nécessaire d'admettre que l'homme ne peut rien,
pour se sauver, sans la grâce; et, d'un autre côté, en
vue de ne pas ébranler la croyance catholique que
l'homme peut se donner des mérites et se sauver par
la seule volonté d'accomplir les ordres donnés par
l'Église, il persiste à affirmer que l'homme, tout en
ayant besoin d'une assistance surnaturelle, n'en a
pas moins par lui-même le pouvoir de tendre au bien,
de chercher la volonté de Dieu, de voir le juste et de
l'adopter. Luther, lui, est net et carré : ce qu'il
entend maintenir sans concession, c'est exactement
ce qui avait choqué Érasme : la thèse que Dieu opère
tout en tous, que l'homme n'a aucunement la faculté
de discerner le bien et le mal, et que les fautes qui
attirent sur lui la condamnation ne consistent nullement dans un libre abus de la volonté, mais bien
dans un vice inhérent à notre être et qui nous rend
incapables de voir le vrai et de vouloir le juste. Si
nous joignons à cette différence capitale les divergences de détail que nous avons signalées plus haut
(diversité de tempérament, d'éducation, de vie religieuse) nous aurons la clef de bien des contradictions
et nous pourrons plus aisément apprécier ce qu'il y
a de bon dans les deux systèmes, en rejetant les principes erronés et les conclusions fausses.

CHAPITRE II

Arrivé à la partie critique de notre étude, nous nous arrêtons un moment, saisi d'un profond respect et d'une admiration réelle pour ces géants de la théologie, qui, dans une époque troublée, s'il en fût, au milieu de préoccupations de toutes sortes, appelés à répondre en même temps à mille objections différentes, insultés par les uns, portés en triomphe par d'autres, obligés d'écrire, de parler, de prêcher, d'étudier les livres saints, d'attaquer les hérésies naissantes, de heurter de front un adversaire en apparence tout-puissant, trouvaient encore du temps et des forces pour des spéculations aussi hardies et des problèmes aussi compliqués. Certes la question était importante et l'on comprend qu'ils l'aient abordée; mais il y a loin d'une discussion, même consciencieuse et complète, à des traités de plusieurs centaines de pages, formant de véritables œuvres. En songeant à la somme de connaissances, de travail, de puissance dialectique, représentée par ces pages, aujourd'hui si oubliées, on reste interdit et presque effrayé d'un tel labeur. On ne lit plus guère à notre

époque ces deux livres enterrés sous leur latin du
XVIe siècle : ce qui, pour les hommes de la Réforme,
n'était qu'un jeu d'enfant, nous fait reculer, et nous
négligeons les instructions précieuses qu'il nous
serait si facile de puiser dans leurs écrits. « On se
tromperait fort, cependant, en supposant que les
ouvrages aient vieilli, qu'on y respire la moisissure
des catacombes où dorment les dissertations sur le
phlogistique, et les querelles des Ioniens sur l'humide
et le sec[1]. » Les deux traités, celui de Luther surtout,
débordent de vie et de verve : quelle largeur et quelle
abondance dans le raisonnement ! quelle facilité à
égayer d'un mot la théorie la plus abstraite, à ra-
mener le sourire sur les lèvres du lecteur agréable-
ment surpris ! Jamais rien de guindé, ni de froid :
toujours de la franchise, de la bonne humeur, une
inaltérable gaieté : de la violence parfois; de la dissimulation jamais; de la vie toujours. Érasme et Luther sont moins rébarbatifs qu'on pourrait le croire :
il n'en faudrait pas conclure qu'ils sont superficiels et
que sous leurs grands mots se cachent le vide et le
clinquant d'une phraséologie sonore et creuse : leurs
livres sont nourris d'une forte science et prouvent
une connaissance approfondie du sujet traité : il
serait oiseux d'insister ici sur une érudition très
répandue au XVIe siècle; mais, ce qui est plus rare,
c'est une possession aussi parfaite des Écritures
saintes : l'exégèse peut être erronée ou le texte détourné de son vrai sens, mais tous les passages sont
cités, cités exactement, nous rencontrons même des

---

1. Milsand, *Luther et le Serf-Arbitre.*

versets auxquels un commentateur ordinaire n'aurait jamais songé et que nos exégètes sont allés découvrir. La Bible est, pour le réformateur surtout, l'inépuisable mine d'où sont tirés la plupart de ses arguments, l'autorité suprême qu'il invoque au-dessus de toutes les autres, qui décide en dernier ressort : devant elle tout disparaît, tout s'abaisse; l'homme doit courber la tête et contraindre au silence sa raison insolente; quand Dieu a parlé, la créature s'humilie et se prosterne devant celui de qui elle a tout reçu : cette vivante et profonde piété, cette adoration continuelle, cet hymne d'action de grâce et de soumission joyeuse nous les retrouvons à chaque page de son livre. Les plus obscurs développements en sont éclaircis et réchauffés, ils prennent vie, et ce courant les galvanise. Érasme, moins pieux, est plus habile, et si Luther mérite notre respect et notre sympathie, Érasme a droit à des éloges d'un autre ordre mais très réels aussi; sa dextérité, son adresse, la légèreté avec laquelle il se tire d'un pas dangereux, son ironie bienveillante, sa courtoisie presque jamais en défaut, parfois son émotion et son sentiment religieux très sincère, en dépit du scepticisme enjoué et souriant qui forme le fond de son caractère, tout cela constitue un ensemble de qualités sortant de l'ordinaire, et suffit à justifier son universelle réputation.

Des ouvrages comme ceux que nous étudions ont presque toujours les défauts de leurs qualités : le sujet était difficile, la lutte très vive, les arguments abstraits; presque nécessairement, la discussion devait être obscure : la faute est commune aux deux adversaires, mais s'il fallait faire un classement, le moins

clair serait encore Luther, et la confusion n'est pas
seulement dans l'exposition désordonnée, dans le
manque absolu de divisions, dans la cohue des textes
bibliques, des raisonnements philosophiques qui
s'enchaînent on ne sait comment et qui se suivent
comme ils peuvent; mais c'est dans l'intérieur même
des paragraphes que la pensée de l'auteur est difficile à saisir : il y a des traits de lumière, nous l'avons
dit, mais pas partout. Il faut lire et relire jusqu'à deux
et trois fois certains paragraphes pour saisir un sens
qui n'est peut-être pas le vrai, et ce n'est qu'à la révi-
sion générale que l'on comprend réellement l'idée que
Luther a voulu exprimer, et que l'on voit dans l'ensemble la place du point de détail. Érasme, dont les
style est plus limpide, n'a pas mieux composé son
De libero arbitrio, et l'effort constant auquel il se
livre pour se dérober et éviter de donner franchement son avis augmente encore la difficulté et rend
sa pensée plus insaisissable.

Passons à l'examen de la doctrine elle-même. Nous
n'insisterons pas longuement sur Érasme : le fond
de ses idées serait acceptable si lui-même n'était
dans une position très fausse, et si ses affirmations
n'étaient pas contradictoires. Il est le défenseur du
semi-pélagianisme : quelle nuance choisie parmi les
innombrables théories auxquelles l'hérésie pélagienne
a donné naissance? Devant les affirmations précises
de Luther qui, sans ambages, supprime un des deux
termes de l'antinomie, l'humaniste essaie de les maintenir l'un et l'autre : mais comme il n'a pas déterminé leurs rapports ni précisé la part qui leur revient
il n'oppose à l'adversaire que des définitions vagues

et des opinions indécises. C'est ainsi qu'après avoir donné du libre arbitre la définition citée plus haut, il en vient à déclarer qu'il peut donner son approbation à l'opinion qui contredit cette définition et qui, dans le salut, laisse la grâce agir seule. Difficulté plus grave encore : le semi-pélagianisme, postulé, dit Érasme, par la conscience, par le sentiment moral et religieux ne s'appuie ni sur des arguments philosophiques ni sur des textes : au point de vue philosophique, c'est un compromis illogique entre deux termes contradictoires; au point de vue exégétique, il n'est pas un seul passage qui revendique en même temps pour Dieu la toute-puissance, pour l'homme la liberté, ni qui dise où commence l'un et où finit l'autre. On trouve dans la Bible deux catégories de textes : d'après les uns, la liberté humaine est sacrifiée à l'absoluité de Dieu, à la grâce universelle et souveraine : Érasme les méconnaît à tort; d'autres versets des Écritures affirment sans restriction le libre arbitre, mais Érasme se sert de ces derniers plus qu'il ne veut; il a horreur du pélagianisme pur, et, pour l'éviter, il modifie arbitrairement l'exégèse des passages cités. Nous serions absolument d'accord avec Érasme s'il montrait que Dieu ne veut à aucun prix d'un salut magique et que la condition de l'efficacité de la Rédemption, c'est sa libre acceptation : un pardon imposé n'en est plus un. Voilà la solution véritable du problème : l'homme a une part dans le salut; il serait immoral qu'il en fût autrement. Érasme le reconnaît et l'affirme, mais tantôt il diminue cette collaboration de l'homme à l'œuvre de Dieu au point de la supprimer et de n'en plus tenir aucun compte, tantôt au contraire, il l'exagère et la grossit au point de tomber dans la doctrine catholique du salut par les œuvres. Jamais rien de clair, de précis, d'affirmatif : voilà le résultat des indécisions et des timidités de l'humaniste.

Nous ne pouvons pas davantage accepter d'une façon absolue les idées du réformateur. Il fait à la grâce une telle part dans le salut, et il attribue à cette grâce une action si irrésistible, si inconditionnelle que toute activité et toute responsabilité humaine disparaissent. Or, cette passivité de l'homme dans le salut est opposée tout d'abord au témoignage de la conscience, puis aux déclarations de l'Écriture. Notre conscience nous dit que la grâce est nécessaire, qu'elle nous cherche, qu'elle excite en nous de salutaires émotions, qu'elle nous montre où est le salut; mais elle nous l'indique, elle ne nous l'impose pas ; elle nous attire, elle ne nous contraint pas. Nous pouvons lui obéir et c'est notre devoir et notre salut; nous pouvons aussi la rejeter, et c'est notre perte; mais jamais, pas plus au moment de la conversion que dans tout le cours de la vie chrétienne, jamais elle ne nous fait violence. Les textes qui le déclarent sont nombreux et décisifs : s'agit-il de la conversion ? Apocalypse III, 20 : « Je frappe, dit-il, si quelqu'un m'entend et *ouvre* la porte, j'entrerai chez lui »; Jean v, 6 : « *Veux-tu* être guéri »; Jean v, 40 : « *Vous ne voulez* pas venir à moi pour venir à la vie ». S'agit-il de la sanctification ? Philippiens II, 12 : « *Travaillez* à votre salut avec crainte et tremblement »; l'apôtre insiste immédiatement sur le rôle important de la grâce divine : « C'est Dieu qui produit en vous le vouloir et le faire, suivant son bon plaisir. » Mais la deuxième partie du verset ne contredit pas et ne supprime pas la première. I Corinthiens iii, 19 : « Nous sommes *ouvriers avec Dieu.* » Dieu n'est donc pas seul : il ne nous sauve pas sans nous ; il ne nous convertit et ne nous sanctifie qu'avec notre concours. Il offre sa grâce à tous ; ceux qui la recherchent seront sauvés, les autres périront, non en vertu d'une prédestination antérieure à leur naissance et à leur vie religieuse et morale, mais par leur faute : dès lors la responsabilité subsiste : et nous pouvons souscrire sans réserve à Jean iii, 19 : « C'est ici la cause de la condamnation, que la lumière est venue dans le monde et que les hommes ont *préféré* les ténèbres à la lumière. »

D'après l'Évangile, la grâce est pour tous ; Dieu veut que chaque homme la connaisse ; à lui ensuite de se décider pour ou contre ; ici encore nous sommes avec les Écritures : Jean iii, 16 : « Dieu a tellement aimé le monde qu'il a donné son Fils unique afin que *quiconque* croit en lui ne périsse point, mais qu'il ait la vie éternelle. » I Jean ii, 2 : « Il est la propitiation pour nos péchés, et non seulement pour les nôtres, mais aussi pour ceux de *tout le monde.* » I Timothée ii, 4 : « Dieu veut que *tous les hommes* soient sauvés. » En un mot, l'Évangile « doit être prêché à *toute* créature » (Marc xvi, 16. Luther nie cette universalité de la grâce ; elle est réservée, d'après lui, aux seuls élus et le sacrifice de Christ n'est efficace que pour eux.

Si Dieu choisit les uns pour le salut et abandonne à la mort tous les autres, et cela sans motif apparent,

sa décision est arbitraire et injuste quoi qu'on en dise.
L'inégalité du sort final des hommes, en présence de
leur égale culpabilité et de leur égale dépendance
vis-à-vis de Dieu, ne pourrait disparaître que si l'on
osait supposer l'inégalité de races, de dons, de desti-
nées et si l'on pouvait nier l'unité de la race humaine
à son origine. Mais l'Évangile enseigne formellement
l'unité et l'égalité des divers membres de l'humanité.
La loi a la même autorité sur tous, à tous le salut
est promis s'ils ont la foi, nous venons de le voir.
Luther distingue avec subtilité la volonté secrète et
la volonté révélée de Dieu; mais il ne fait que reculer
la difficulté. Si Dieu, pouvant sauver les réprouvés,
leur refuse la possibilité du salut, n'est-il pas res-
ponsable de leur perte? On pourrait même se demander si Dieu, dont la grâce est célébrée dans
l'Évangile avec tant de chaleur et d'insistance, n'est
pas en contradiction avec lui-même et avec les déclarations formelles de sa parole, quand il prend ainsi
plaisir aux souffrances des damnés. Et pourquoi
choisit-il ceux-là plutôt que d'autres? Tous n'ont-ils
pas une âme faite pour Dieu, pour le bonheur, pour
la sainteté? Tous ne sont-ils pas victimes en même
temps que coupables, victimes d'une faute dont ils
ne sont pas directement les auteurs? Est-ce juste,
est-ce digne d'un Dieu d'amour, de faire ainsi quelques
rares privilégiés, et d'abandonner le reste? — Il faut
que la justice de Dieu se manifeste, dit Luther. Mais
le sacrifice de la croix n'est-il pas suffisant? — L'épître
aux Romains est sans cesse invoquée par le réformateur; mais, à notre avis, Luther ne l'a pas étudiée
sous son vrai jour: Paul n'enseigne pas la prédesti-

nation supra ou infra-lapsaire : il déclare que Dieu a voulu sauver tous les hommes; pour arriver à ce but, il s'est choisi le peuple d'Israël : cet acte de prédestination historique ne s'applique ni au salut ni à la condamnation éternelle, mais au moyen historique employé par Dieu pour réaliser une nouvelle épreuve morale[1]. La notion d'une prédestination fixant irrévocablement le sort des individus, est étrangère à l'enseignement paulinien. Jésus est le terme de l'épanouissement de cette prédestination historique : Il est, en effet, l'élu de Dieu par excellence, et l'homme qui, par la foi, s'unit mystiquement au Christ devient membre du corps de Christ, et par cela même, est prédestiné (Rom. VIII, 33-34) : « Qui accusera les élus de Dieu? Dieu est celui qui les justifie; qui condamnera? Christ est celui qui est mort, et qui, de plus, est ressuscité, qui est assis à la droite de Dieu, et qui intercède même pour nous. » C'est donc en Christ que nous sommes élus; s'il y a des réprouvés, ce n'est pas qu'ils soient prédestinés, mais leur incrédulité les a placés en dehors de Christ. Il faut enfin, pour bien s'expliquer et comprendre les expressions de Paul, se rappeler le but qu'il se propose dans l'Épître aux Romains, le sujet qu'il traite avant tous les autres. Paul veut briser l'orgueil des Juifs, et les forcer à croire à l'Évangile : Votre élection, leur dit-il, vient d'un acte de la bonté de Dieu; vous n'avez pas à vous en glorifier; d'ailleurs elle n'était que provisoire, l'Israël ancien est maintenant remplacé par un peuple nouveau. On comprend que Paul, emporté

1. Cf. Cours inédit de M. le professeur Henri Bois.

par son idée, irrité de l'entêtement des juifs, impétueux par tempérament, ne ménage pas ses termes et frappe fort[1].

On a fait à la théorie luthérienne bien d'autres objections: elle engendre le trouble et la crainte ; qui peut savoir s'il est élu ou s'il est condamné ? Comment une âme sincère pourra-t-elle jamais être satisfaite de sa foi et de sa repentance ? — Pour conclure cette longue critique, nous montrerons les conséquences logiques qui en découlent. C'est, tout d'abord, l'inutilité de la prédication évangélique, de la recherche personnelle du salut, des moyens de grâce et des efforts individuels vers la sanctification, — En vain Luther répond-il qu'aucun homme ne sait s'il est élu ou réprouvé ; qu'importe, puisque ses efforts n'aboutiront jamais ni à l'aider à trouver le salut s'il ne doit pas y arriver, ni à le lui faire perdre, s'il doit

---

1. « N'oublions pas que l'enseignement de saint Paul doit être jugé dans son ensemble; lorsqu'une pensée se présente à l'apôtre des Gentils, il en saisit toutes les conséquences, l'embrasse tout entière et la présente dans toute sa force; mais cette pensée ne doit jamais être isolée, car, à quelques lignes de là, elle sera expliquée, complétée par une autre qui semble au premier abord la contredire et qui ne fait que lui donner son vrai sens : saint Paul, qui dépeint la corruption de l'homme en termes d'une telle énergie qu'il paraît vouloir lui enlever toute connaissance du bien, dit pourtant, en parlant des païens, qu'ils possèdent une loi intérieure suivant laquelle ils seront jugés; il parle fortement de notre impuissance morale et fait plus que personne appel à la volonté de l'homme et prononce cette parole étonnante : « *Je* puis tout en Christ qui me fortifie »; il semble rétrécir parfois les miséricordes divines et proclame en beaucoup de passages que Dieu veut sauver *tous* les hommes. Paul, l'apôtre du salut par pure grâce, a sur la nécessité de la sanctification des paroles d'une redoutable solennité » (Eug. Bersier, *Sermon sur la fidélité de Dieu.*)

l'obtenir ? — L'œuvre même de Christ devient inutile si tout dépend d'un décret absolu de Dieu. S'il y a une prédestination inconditionnelle, pourquoi l'incarnation ? Pourquoi la mort de Jésus sur la croix ? Est-ce pour sauvegarder la justice de Dieu ? Mais ce but n'est-il pas atteint par le châtiment des réprouvés[1] ?

Nous nous rangeons donc à la théorie réellement évangélique où, des deux éléments : liberté et grâce, aucun n'est méconnu, mais où tous deux sont maintenus et accentués[2]. Au commencement, c'est le Dieu libre se suffisant à lui-même. Un jour ce Dieu crée librement et par amour (et non pour se compléter lui-même) un monde de liberté, seul digne de lui, seul capable de félicité, capable aussi de mal et de ruine, mais dont il pourra, grâce au Fils, réparer les désastres, s'ils viennent à se produire. — Le second acte est la réponse de la liberté humaine qui se décide contre Dieu. Elle produit le péché, la chute, le désordre et la mort. — Alors commence le troisième acte qui est la réplique de la liberté divine à cet écart de la liberté humaine. Le libre amour de Dieu prépare et accomplit la rédemption, offrant la grâce à tous les hommes. Mais, à cette réplique, la liberté humaine doit encore répondre. Chacun accepte ou rejette librement la grâce qui lui est offerte, et se juge ainsi lui-même. L'Évangile prêché à tous devient pour les uns « odeur de vie » et pour les autres « odeur de mort ». Certes, cette liberté n'est pas ab-

---

1. Cf. Bonifas, *Histoire des dogmes*, t. II.
2. *Ibid.*

solue, (elle ne subsisterait dans son absoluité que jusqu'au moment où elle ne s'est pas encore exercée,
car, dès l'instant où la volonté agit, elle imprime
un certain pli à l'âme ; la liberté, de plus, est la faculté de se déterminer soi-même, par conséquent elle
est obligée de se restreindre ; enfin, la liberté inalié-
nable, telle que l'entendrait Pélage, serait le pire des
dissolvants moraux). Mais elle existe, et la conscience
morale l'affirme d'une double façon : lorsqu'il s'agit
d'un acte à accomplir, elle nous donne ses injonctions ; lorsqu'il s'agit d'un acte accompli, elle nous
en déclare responsables ; elle varie sans doute dans
son exercice et dans son étendue, à cause de la différence des milieux (autre est la liberté dans un milieu
obscur où l'ignorance subsiste, autre dans un peuple
éclairé), — en vertu de l'hérédité (famille où une
même volonté se transmet), — en vertu de l'éducation
(l'une étouffe, l'autre développe les instincts de libre
détermination), mais, encore une fois, la liberté existe,
et, pour que le salut soit en nous efficace et moral,
il faut que l'homme l'accepte par une adhésion libre
et réfléchie de sa volonté[1].

Tout en n'admettant pas la prédestination, au sens
où l'entend Luther, nous ne pouvons pas ne pas rendre hommage non plus seulement au livre, mais au
système lui-même, à tout ce qu'il renferme de noble
et de grand. Il est évident que le réformateur n'a jamais voulu nier la liberté humaine au point de vue
du fatalisme stoïcien, mais qu'il désirait uniquement
affirmer la dépendance absolue de l'homme vis-à-vis

1. Cf. M. Henri Bois, *op. cit.*

de Dieu, et faire découler de cette affirmation l'humilité du chrétien et son ardente soif du pardon, en
opposition avec la présomption et l'égoïsme des doctrines semi-pélagiennes. Luther devait d'autant plus
détester le pélagianisme qu'il était en droit d'y reconnaître une odieuse caricature du principe protes-
tant de la liberté du chrétien, et l'adversaire du principe matériel de la Réforme : la justification par la
foi. Son expérience personnelle, ses études histori-
ques, sa connaissance approfondie du catholicisme,
de ses abus, de ses erreurs, lui avaient assez montré
ce que pouvait faire l'homme sans Dieu, dans quels
abîmes de corruption pouvait tomber la créature pé-
cheresse. Comme son époque, il était souverainement
las de ce qui se passait sur la terre, et, pour sa part,
il reporta toutes ses espérances, non pas sur une renaissance intellectuelle, mais sur une rénovation
morale, sur une régénération de la conscience humaine, sur la nouvelle naissance en Dieu. Ce qu'il
voulut avant tout, ce fut d'arriver à prosterner les
hommes aux pieds du Christ, en les amenant à reconnaître que leur sagesse, — dont ils étaient si
fiers, — venait du prince des mensonges : semblables
à lui, ils avaient pour mobile unique le souci de leur
propre gloire, et leur volonté, leur morale même
étaient les obstacles qui les empêchaient de sentir
leur dépendance, les mettaient hors d'état de chercher
de connaître et d'aimer la volonté souveraine qui,
malgré eux fixait le bien et le mal. Ce fut toujours
la thèse favorite de Luther : L'homme est mauvais,
Dieu seul est bon : gloria Dei, l'honneur de Dieu,
le néant de l'homme devant le Seigneur, l'abais-

sement de la créature devant le créateur éternel,
voilà toute la réforme¹ (et nous pouvons ici toucher
du doigt le lien qui unit entre elles les théories de la
prédestination de Zwingle, Luther et Calvin : ils affirment tous les trois l'impuissance absolue de l'homme
devant la toute puissance de Dieu et concluent d'un
commun accord à la négation de la liberté humaine) ;
nous dépendons de la divine Providence jusque dans
les moindres détails de notre vie, nous ne nous hu-
milierons jamais assez sous la puissante main du
Père : tel est l'immortel principe, seule source fé-
conde d'une piété vivante et bénie qu'il faut dégager
et conserver de toutes les exagérations et de toutes
les erreurs de la doctrine du serf-arbitre.

Il y a plus encore à retenir : Luther a réveillé dans
les consciences le sentiment trop longtemps endormi
de la personnalité humaine et, par une contradiction
apparente mais très compréhensible, a contribué à
l'essor des idées d'émancipation et de liberté. Pour
le comprendre, remontons avec le penseur qui a le
mieux élucidé cette question² aux origines mêmes du
christianisme ; les nouveaux convertis ne purent jamais se débarrasser de la conception païenne de la
vie qui passa toute entière dans le système catholique : d'après le paganisme, en effet, tout vient à
l'homme des choses : les idées et les volontés, comme
les sensations, sont des effets des propriétés inhéren-
tes aux choses ; à ce principe sensualiste se joint

1. Cf. Cours inédit de M. le professeur Doumergue.
2. Consulter à ce sujet le très intéressant volume de M. J. Milsand,
Luther et le Serf-Arbitre. Paris, Fischbacher, 1884.

une affirmation intellectualiste, l'idée que les choses
nous donnent elles-mêmes une connaissance exacte
de ce qu'elles sont : il y a donc un objet connaissable
et un sujet capable de connaître l'objet ; les hommes
sont capables de percevoir les objets tels qu'ils sont ;
de là découle tout naturellement la possibilité de décisions individuelles différentes les unes des autres,
de là l'existence d'un *animus* « faculté mâle, », sorte
d'élan susceptible de prendre une direction quelconque et de déterminer l'option dans un sens ou dans
l'autre. Le sensualisme aboutit directement au libre
arbitre : d'un côté l'homme est esclave des choses, mais
de l'autre la faculté qu'il possède d'opter lui permet de
faire sa destinée en dépit de la fatalité : il peut même
exploiter les choses et les forcer à travailler pour lui,
mais, au lieu de saisir par la conscience ce qu'il est
lui-même en bloc, il se contente d'épeler un à un et
d'assembler de petits événements dont son âme est
le théâtre en les ramenant à une faculté de voir le
vrai, de sentir et de raisonner, revenant agir chez
tous les hommes indépendamment de leur personnalité ; on voit la conséquence : si tout homme, quels
que soient ses sentiments intimes, possède une puissance abstraite d'opter pour le bien, toutes les divergences de la volonté, tous les conflits d'opinion
ne peuvent avoir leur source que dans les sentiments
personnels : seuls ils nous poussent à mentir volon-
tairement, à vouloir le mal ; comme en toute créature humaine se trouve cette faculté, oracle infaillible et révélateur du vrai, comme en chaque homme
également se trouvent les mobiles malins qui l'éga-
rent, il n'y a pour nous d'autre moyen de salut que

d'étouffer tout ce qui n'est pas la raison, c'est-à-dire d'anéantir la personnalité morale ; nous retrouvons ici les deux principes catholiques : le salut par les œuvres ; l'homme est capable de choisir et de faire le bien ; la toute-puissance absolue de l'Église : elle seule, imposant une règle rigide à tous les fidèles, peut détruire en eux ce levain de péché dont le développement corrompt la nature tout entière. — Cette vieille théorie, Luther l'a ruinée : pour lui, les pensées et les affections ne viennent plus des choses extérieures, mais sont dictées par une manière d'être involontaire : plus de facultés particulières correspondant aux diverses propriétés des objets ; l'intelligence qui reçoit les rapports des choses, le jugement qui décide des cas litigieux, la volonté chargée d'exécuter les décisions. Luther a senti que l'homme est une vie et une force, qu'il est tout entier dans chacune de ses fonctions : ses concepts, comme ses décisions, n'ont pas d'autre source que d'irrésistibles sentiments produits en lui par la totalité de son être et de son expérience. Dès lors, la présence de l'individualité vivante est plus forte que les injonctions humaines ; dès lors il n'y a plus de place pour les papes, la hiérarchie cléricale, pour une législation impérative, pour tout un système d'instruction imposant les croyances ; dès lors, il n'est plus possible que la réalité soit seulement constituée par les objets extérieurs et que, pour arriver à la science, il ne faille pas tenir compte de nos sentiments ; il n'est plus possible de dire que, pour sauver l'individu de la déraison, le bon moyen à employer c'est d'imposer à tous la même définition des choses en étouffant la personnalité. Cette personnalité morale est tout chez l'homme : la source des bonnes et des mauvaises décisions, c'est notre manière d'être qui a besoin d'être guérie de ses aveuglements et de ses défauts pour que nos décisions puissent être redressées. Toutes les interprétations que nous donnons à nos sensations et à nos sentiments procèdent d'une persuasion unique, d'une tendance active qui implique toute notre expérience et qui est notre conscience totale de nous-mêmes. Toutes nos erreurs et nos fautes viennent de notre incapacité fondamentale à concevoir le vrai, le nécessaire, le juste, en un mot ce qui, malgré nous, détermine les conséquences de nos décisions. C'est cette incapacité qui nous fait prendre sans cesse le malfaisant pour le salutaire, et pour l'indispensable l'impossible et l'injuste. Il n'y a nullement en nous une conscience ou raison, oracle intérieur qui ait pour spécialité de révéler à tous le bon ou l'honnête : ce qui est vicié en nous, c'est l'esprit, c'est-à-dire le principe de vie et de justice qui devrait être en nous, que le péché a corrompu et qui est maintenant l'incapacité à saisir le juste et le bon ; notre être tout entier pèche. Dieu seul peut le sauver, le mauvais arbre ne portera pas de bons fruits, mais Dieu pourra transformer sa nature ; nous revenons à l'affirmation favorite du réformateur : nous dépendons de Dieu, mais de lui seul ; à l'égard de l'Église et des choses nous sommes libres, et notre personnalité morale est respectée. On voit comment les idées de Luther se trouvent être des principes d'indépendance et de liberté. Une immense espérance subsiste : ce n'est plus le fatalisme, ce n'est plus le déterminisme écra-

sant de Comte ; ce n'est plus celui de Littré (nous
sommes esclaves des propriétés des choses, il faut
donc les connaître pour subir avec résignation ce que
nous ne pouvons pas changer, et exploiter ce qui se
laisse exploiter) ; ce n'est plus la négation de la liberté et l'affirmation du triomphe de la ruse et de la
force ; nous sommes en face de la plus belle et de la
plus fructueuse des morales : notre confiance au sa-
voir-faire ne sert qu'à nous perdre ; notre prétendue
bonté native, notre bienveillance ne suffisent pas ;
notre rôle est de nous accuser nous-mêmes, d'acqué-
rir la conscience de notre aveuglement et de notre
impuissance ; à la condition que nous soyons mécon-
tents de nous-mêmes, Dieu transformera notre être
intime et du mal fera naître le bien.

C'est là la partie impérissable du livre de Luther :
il a pu se tromper, se laisser aller à des exagérations
qui sont devenues des erreurs, arriver, sans s'en
douter, à des conclusions erronées avec des pré-
misses très acceptables : cet élément caduc tombera
mais la gloire lui reste d'avoir pour ainsi dire décou-
vert et mis en relief, avec une puissance qu'on trouve
chez lui seul, deux vérités dont ses contemporains
avaient perdu la notion. Lui-même sentait qu'il était
allé trop loin et que sa négation du libre arbitre était
trop absolue : s'il ne désavoua jamais sa théorie, il
devint tout au moins, sur la fin de sa vie, plus réservé
et plus circonspect : « Sequor autem hanc regulam
ut, quantum potest, tales questiones vitem, quæ non
protrahunt ad solium summæ majestatis. Melius
autem et tutius est consistere ad præsepe Christi
hominis. Plurimum enin periculi in eo est, si in illos

labyrinthos divinitatis te involvas. » D'ailleurs l'Église
dont il fut le chef et le créateur réagit de bonne
heure contre ses exagérations. Mélanchton et les
autres théologiens étaient pénétrés du sentiment
qu'ils ne devaient pas reproduire la doctrine de Luther sur la prédestination comme la croyance commune à tous les chrétiens évangéliques; Mélanchton,
surtout, gagné d'abord aux idées du réformateur
(Loci de 1521) abandonna en 1530 ce point de vue et
exprima avec un telle énergie l'opinion de ses contemporains sur les conséquences désastreuses auxquelles Luther était arrivé dans sa négation du libre
arbitre, que, depuis, le dogme de la prédestination
n'a jamais été envisagé dans le sein de l'église luthé-
rienne comme la doctrine officielle et orthodoxe.
Mélanchton, dont l'esprit clair et net complétait en
quelque sorte la puissante personnalité de Luther, a
toujours cherché à assurer dans ses écrits à la liberté
morale de l'homme, et en particulier d'Adam, un
rôle qui lui permit d'éviter les erreurs dans lesquelles
était tombé le génie impétueux de son ami. La *For-
mule de concorde* elle-même, rédigée contre la tendance de Mélanchton, accorde une place légitime au
libre arbitre de l'homme, preuve éclatante de l'opinion dominante de l'esprit allemand sur ce point[1].

Essayons de résumer nos résultats : cette contro-
verse ardente entre Érasme et Luther mit fin aux
essais jusqu'alors fréquents d'un rapprochement et
d'une alliance entre la réformation évangélique et les

1. Dorner, *Histoire de la théologie protestante,* traduction Pau-
mier.

tendances libérales des humanistes catholiques. Quant
au fond de la question, nous l'avons vu, ni la solution d'Érasme ni celle de Luther ne sont pleinement
satisfaisantes ; s'il nous fallait choisir cependant,
c'est la théorie de Luther, dégagée de tout ce qui la
rend inacceptable, qui nous paraît la plus vivante et
la plus chrétienne; dans sa lutte contre les indulgences, le réformateur avait révélé à ses contemporains la véritable repentance , mis en lumière la foi
justifiante avec une intelligence toujours plus nette
du vrai sens des Écritures, et révélé les fruits de cette
foi, qui sont la sanctification puissante contre le mal
et la vie heureuse en Dieu; il cherche maintenant le
point d'appui de sa pensée et de sa foi dans la con-
templation de la providence éternelle, après avoir
établi victorieusement dans ses écrits contre l'Église
romaine et contre Érasme la liberté spirituelle du
chrétien, qui l'élève au-dessus de la loi et des tradi-
tions humaines. Il a, grâce à ces développements
successifs de sa pensée, assis sur l'immutabilité de
Dieu et de ses desseins, comme sur une base inébranlable, le dogme de la vraie liberté du chrétien,
liberté supérieure au caprice, aussi bien qu'à l'arbitraire : tout ce qui existe dans l'univers, la puissance
actuelle du péché elle-même, se fond dans une har-
monie divine, bien entendu au point de vue des
fidèles. Érasme semble au point de départ plus géné-
reux à l'égard de l'homme auquel il accorde les dons
précieux de l'intelligence et de la liberté; mais cette
intelligence ne doit pas s'élever à des conceptions que
l'Église n'approuverait pas, cette liberté reste soumise au contrôle d'une autorité extérieure : si elle

s'exerce sans contrainte elle nous entraîne à des excès condamnables; réprimée sévèrement elle se réduit à une image à laquelle ne correspond aucune réalité; Érasme hésite sans cesse entre ces deux solutions sans se fixer jamais. Le principe de Luther fait au contraire découler de la grâce une liberté presque divine pour le fidèle : conscient de sa misère, mais régénéré par l'amour de Dieu et délivré de toute entrave, il peut vivre en paix dans la certitude du salut.

THÈSES

I

La solution que propose Érasme du problème de la grâce et de la liberté est inacceptable, ou plutôt, à vrai dire, ce n'est pas une solution : hésitant sans cesse entre la théorie catholique du salut par les œuvres, et cette idée que la grâce doit jouer dans le salut un rôle prépondérant, Érasme ne sait auquel des deux termes il doit s'arrêter, et, penchant tantôt vers l'un tantôt vers l'autre, amené par là même à se contredire, il évite toute affirmation positive.

II

La solution que propose Luther du problème de la grâce et de la liberté est inacceptable : elle supprime tout travail de l'homme dans l'œuvre du salut et rend inutile le sacrifice de Christ, toute créature humaine étant d'avance prédestinée au salut ou à la condamnation.

III

L'homme dépend de Dieu, il ne peut rien pour son salut sans la grâce divine, mais cette grâce ne s'impose pas à lui : Christ la lui a méritée, et Dieu la lui offre, mais elle n'est efficace en lui que s'il l'accepte par un libre choix.

IV

Dans la théorie de Luther, nous devons mettre en relief et conserver deux principes féconds qui suffisent, en dépit de toutes ses exagérations, à placer cette théorie bien au-dessus de celle d'Érasme et à la rendre immortelle. Ces deux principes sont : 1° l'homme dépend uniquement et absolument de Dieu ; 2° l'activité interne de l'homme ne lui vient pas du monde extérieur ; la créature humaine est avant tout une vie et une force : ses concepts et ses décisions n'ont d'autre source que les sentiments produits en lui par la totalité de son être et de son expérience.

V

Le sermon classique, avec des divisions très claires, avec une forme simple mais très soignée, est le genre de prédication le plus susceptible de convaincre et d'émouvoir. Un sermon réellement travaillé sera rarement incompris, même d'un auditoire peu cultivé.

VI

Il est des circonstances où le pasteur est forcé d'improviser ; mais il ne doit s'y résoudre qu'à la dernière extrémité et le faire le moins souvent possible, même s'il a une réelle facilité d'improvisation.

VII

Tout sermon et, autant que possible toute prédication, doit être écrit dans son entier. C'est le seul moyen de fixer la pensée et de lui donner une précision et une force de pénétration réelles. Un plan détaillé ne suffit pas.

VIII

Dans bien des cas une église est ce que son pasteur la fait : il est absolument impossible que l'enseignement fidèle et complet du salut par la foi au Christ Rédempteur reste infructueux.

Vu par le Président de la soutenance :

Montauban, le 15 mai 1897.

E. DOUMERGUE.

Vu par le Doyen :

C. BRUSTON.

Vu et permis d'imprimer :

Toulouse, le 19 mai 1897.

Le Recteur, président du Conseil de l'Université,

C. PERROUD.

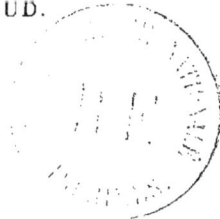

TABLE DES MATIÈRES

———

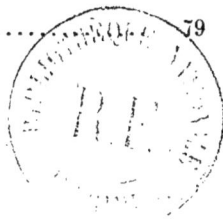

———

294

www.ingramcontent.com/pod-product-compliance
Lightning Source LLC
LaVergne TN
LVHW050648090426
835512LV00007B/1093